DISCOURS DE L'ESPRIT.

DE LA CONVERSATION.

DES AGREMENS.

De la JUSTESSE

Ou Critique de Voiture Par le Chevalier DE MERE'.

Avec les Conversations *du même Chevalier & du Marechal* DE CLERAMBAU.

Nouvelle edition exacte & complete.

A AMSTERDAM,

Chez PIERRE MORTIER, Libraire sur le Vygendam, à la Ville de Paris

M. D. C. LXXXVII.

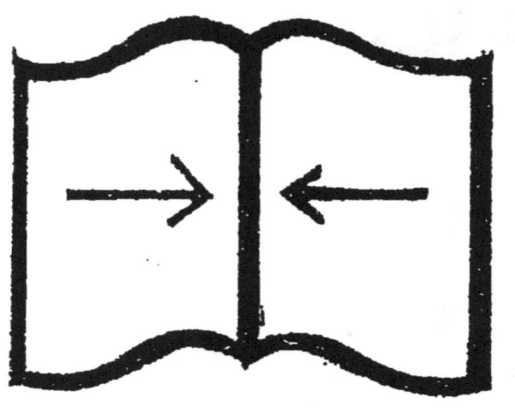

RELIURE SERREE
Absence de marges
intérieures

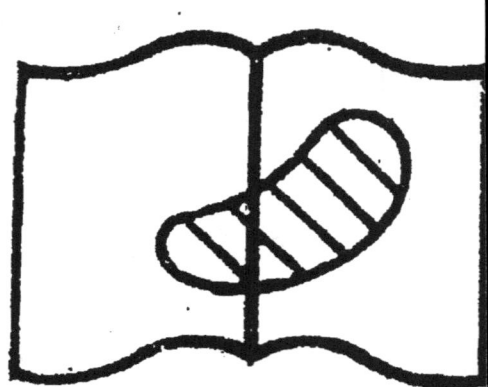

Illisibilité partielle

VALABLE POUR TOUT OU PARTIE
DU DOCUMENT REPRODUIT

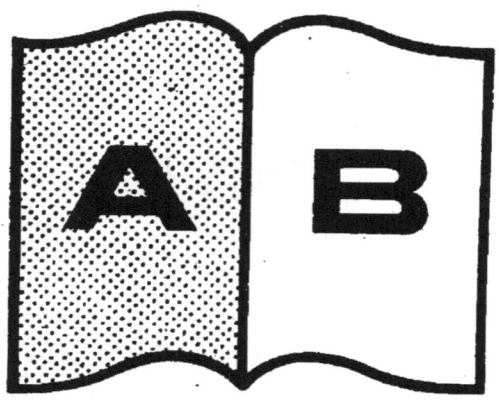

Contraste insuffisant
NF Z 43-120-14

DISCOURS DE L'ESPRIT.

A Madame de ✱✱✱

IL me semble, Madame, que vous aimez plus que vous ne devriez la modestie, & je trouve pourtant que vous ne laissez pas quelquefois de vous en éloigner. Cela vient peut-être de ce que vous n'avez guerre consideré ce que c'est, & que vous croyez que plus on s'abaisse, plus on est modeste. Mais sachez, s'il vous plait, Madame, qu'en faisant trop peu de cas de soi-même on ne peche pas moins contre la vraie modestie, qu'en s'estimant plus qu'on ne doit. Cette vertu, comme toutes les autres, consiste dans un juste milieu; Et pourquoi ne pouvez vous demeurer d'accord des rares qualitez de vôtre esprit, vous qui l'avez si bien fait & si peu commun, que quand vous series moins belle vous ne laisseriez pas d'estre la plus aimable personne du monde?

Mais quoi, dites vous, si j'avois tant d'esprit, ceux qui m'ont vuë m'en auroient dit quelque chose, & qui que ce soit, excepté vous, qui ne pensez qu'à me plaire, ne s'en est encore avisé; & puis vous m'alleguez deux ou trois personnes dont les seuls noms font souvenir qu'il y a de l'esprit parmi les Dames. Je vous avoüe qu'on ne parle non plus de vôtre esprit que si vous n'en aviez point ; mais aussi, Madame, je vous apprens qu'on a toûjours parlé des Graces, & je ne me souviens pas qu 'o ait jamais rien dit de leur Esprit. C'est qu'on trouve en elles beaucoup d'autres sujets d'entretien, & que lors qu'on les considere elles plaisent tant qu'on ne veut discourir que de leurs charmes. D'ailleurs, comme les choses vont, & de la sorte que vous en usez, il est impossible que cela soit autrement. C'est le faux esprit qui donne à penser parmi la plûpart des gens qu'on a de l'esprit, & ce qui fait qu'on n'en a point, ou du moins qu'on ne l'a pas comme il faudroit, est bien souvent la principale cause qu'on est en reputation d'en avoir.

Vous parlez simplement, vous ne dites ni de beaux mots, ni de belles choses ; vous étes retenuë à juger, vous ne decidez de rien qu'en vous-méme, & lors que vous revenez de la Comedie ou du Balet, vous n'en parlez pour l'ordinaire ni en bien ni en mal. Il me semble aussi qu'on ne voit pas souvent des Vers de vôtre façon, vous n'avez que peu de commerce avec les beaux esprits, & vous ne citez ni le Tasse, ni l'Arioste.

Pensez-vous qu'avec cette indifference on puisse faire admirer son esprit ? Si Madame Desloges se fut autrefois conduite comme vous, elle n'eut pas fait tant de bruit. Et que seroit-ce ce de ces Dames que vous savez, pour peu qu'elles se fussent negligées? Quelques-unes sont d'un goût si particulier, qu'elles ne voudroient pas qu'on les connut de la sorte, & j'aime assez cette bizarrerie.

Je remarque aussi qui le monde est un grand ménager de loüanges, & cela vient de ce qu'on ne s'arrête guere à regarder qu'une seule chose en un sujet, & que d'ailleurs on ne veut pas qu'une méme personne se puisse venter d'avoir tous les avantages. Les hommes que j'ai connus qui se sont acquis le plus d'estime d'étre honnétes gens, n'ont guere fait parler de leur esprit; Et vous savez Madame, s'il est possible d'étre fort honnéte homme, & de n'avoir de l'esprit que bien médiocrement.

Cesar étoit plus eloquent que Ciceron, au moins de cette eloquence qui doit plaire aux personnes du monde. Mais parce qu'il excelloit dans la guerre, peu de gens s'entretiennent de son eloquence, & l'on admire celle de Ciceron à cause qu'il n'avoit rien que cela de fort recommandable. Pour ce qui est de Cesar il y a de quoi s'étonner qu'on lui ait accordé une si haute vaillance avec une si grande conduite. Mais aussi ce ne fut pas de son tems que le monde se montra si liberal envers lui. Car encore qu'il eut témoigné tant de valeur en France, en Angleterre, & en Allemagne, il dit que dans une occasion de la guerre civile, ses Soldats, & ses Officiers le soupçonnoient de peu de resolution, & murmuroient contre lui de ce qu'il refusoit de combattre les ennemis que presentoient la bataille. Il est vrai qu'il ne parut jamais si retenu, mais il esperoit de les vaincre sans rien hazarder, parce qu'ils s'étoient postez dans un lieu si desavantageux & si serré qu'ils n'en pouvoient sortir, & leur camp manquoit de vivres. Mais qui se peut assurer de sa reputation, puis qu'on accusoit Cesar d'étre timide, & dans le plus fort de ses conquestes?

Les loüanges qu'on donne sont presque toûjours fort temperées. Cét homme, dit-on, a bien de l'esprit, mais il n'est pas savent: cét autre a beaucoup étudié, mais il ne sait pas le monde: cette femme est belle, mais elle n'a rien de piquant, & cette autre est fort jolie, mais ce ne sont pas des traits bien reguliers. Ainsi, Madame, tant que vous aurez cette beauté si delicate, & ces agrémens si exquis, n'attendez pas que l'on vous distingue du côte de l'Esprit : & puis qu'on ne se lasse point de vous écouter, qu'importe que ce soit le son de vôtre voix, ou le plaisir de vous regarder, ou les choses que vous dites qui vous font tant souhaiter, pourveu qu'on ne vous soupçonne pas de magie & d'enchantement?

Mais si l'Esprit n'avoit beaucoup de part en ce qui vous rend agreable, comment seroit-on si charmé des moindres lettres que vous écrivez? J'en fis voir une l'autre jour à une jeune personne qui s'y connoit & qui d'ailleurs est fort aimable. Elle en fut surprise & l'ayant bien consideréé, Mon Dieu, dit-elle, que je voudrois ressembler à cette lettre, & qu'on me trouveroit

veroit jolie! De sorte, Madame que ce que vous n'écrivez qu'en vous joüant, ne laisse pourtant pas de plaire & de donner de l'admiration.

Ce que vous me mandez de vos divertissemens n'est pas de moindre prix, & deux ou trois mots m'ont bien fait comprendre ce qui se passe auprés de vous, & comme on vous entretient des beaux Romans, & des jolies choses. Vous remarquez en tout de qu'elle sorte on a l'esprit fait, & même dans la maniere de s'expliquer. On vous parle du brillant & du tendre, on vous dit que celui-ci a bien du feu, que celui-là sait bien choisir le ridicule, que cét autre a de l'esprit infiniment. Ceux qui se plaisent le plus à discourir aiment bien ce langage, & je vois que les Dames de bon goust ne les trouvent pas d'un agreable entretien. Il me semble aussi que vous n'usez guere de ces mots à la mode, & que vous les evitez avec autant de soin que la plûpart du monde les cherche. Ce sont de ces faux agrémens qu'on peut remarquer sans être trop difficile; la Cour s'en devroit desabuser.

Cependant, Madame, gardez vous bien de prendre en aversion ces mots à la mode, il y en a fort peu qui ne soient bons, & même necessaires, quand on pense bien, & qu'on les sait employer. Il n'en faut rebuter que le mauvais ou le trop frequent usage, & ce seroit une fausse delicatesse de ne pouvoir souffrir un mot parce qu'on l'entend dire à des personnes qui s'en servent mal, ou qui s'en servent trop souvent, & puis on en viendroit insensiblement à ruïner la plus belle langue du monde.

Il y a des expressions dont il ne faut user que bien rarement, non pas à cause qu'elles sont trop à la mode, ou que des gens qu'on ne veut pas imiter les affectent, mais parce qu'elles témoignent de l'ignorance, comme celle qui donne de l'Esprit infiniment; car quand on connoit une chose on n'a pas accoûtumé d'en étre si liberal. Ainsi parce qu'on sait ce que c'est que le bien on ne dit pas du plus riche homme du monde qu'il en a infiniment, & les gens qui donnent tant d'esprit font bien connoître qu'ils ne savent pas combien ceux qui en ont infiniment, à ce qu'ils disent, l'ont borné.

Voici encore une façon de parler dont se sert frequemment * *,*. Il faut avoüer que vous avez bien de l'esprit, mais que vous n'avez point de jugement. Outre qu'il en use sans distinction avec toutes les femmes, il se rencontre aussi qu'on ne peut rien dire de plus mauvais sens; Car avoir de l'esprit en tout, & bien juger de tout, c'est presque une méme chose. Il arrive bien en de certaines rencontres qu'on manque de prudence, quelque esprit qu'on puisse avoir, parce que le peu de prudence ne vient pas toûjours de mal juger, mais le plus souvent de ne point juger en tout, pour suivre éourdiment sa pente, ou pour s'épargner la peine d'examiner ce qu'on entreprend. C'est que le temperament trop passionné, ou trop hazardeux, ou trop paresseux, ou trop negligent, nous porte quelquefois à mépriser des choses qui nous serviroient, & nous en fait rechercher d'autres qui nous nuisent. Nous le con-

connoissons & nous n'en doutons pas, mais l'inclination l'emporte, & bien souvent on se plaint d'avoir ce qu'on seroit bien fâché de perdre.

A quoi me sert ma voix, & mon amour ex-
    trême,
Qui ne tendent qu'à la charmer ?
L'Ingrate ne sait pas aimer ;
Mais elle sait dire qu'elle aime.
Elle me trompe incessamment
Et par un cruel artifice.
Elle fait je ne sai comment
Que je me plais dans le supplice
A faire durer mon tourment,
Et je neglige Iris si douce & sans malice,
Qui n'a point de détours, qui n'a point de ca-
    price.
L'absence me pourroit guerir,
Mais ce remede est triste, & j'aime mieux
    mourir.

Parmi les plus habiles de l'Antiquité ceux qui jugeoient le plus sainement, qui connoissoient les choses, qui savoient leur prix, & qui donnoient au monde des instructions de prudence, ont été quelque-fois les plus imprudens, du moins au jugement du Peuple. Considerez Socrate, ce Precepteur de tant de bons écoliers, & même de tant de bons maîtres, qui se fit mettre en prison pour avoir méprisé les impertinens d'Athenes qui l'accuserent de s'être mocqué de leurs Dieux. Il pouvoit aisément les adoucir & les appaiser par quelque raison où quelque excuse qui ne lui

A 4 eut

eut guere coûté, mais il n'en voulut pas prendre la peine : & bien loin de cela, pour comble d'imprudence il aigrissoit par des mots piquans, & des railleries hautaines ce fier Senat de l'Areopage, & traitoit ses Juges de sots & de criminels. C'est peut-être que la haute intelligence trouve le bon-heur en des choses que les gens du commun ne goûtent pas, comme elle en méprise d'autres que le peuple admire.

Mais ne seroit-ce point, dira-t-on, quelque vapeur de Philosophie ? ne seroit-ce point qu'une longue solitude, & de trop profondes reflexions font regarder les choses tout autrement qu'on ne les voit quand on agit dans le monde ? Je n'en sai rien ; mais je vois que Cesar le plus habile homme qui fut jamais, qui n'étoit ni trop Philosophe ni trop Solitaire, & qui d'ailleurs faisoit de si grandes choses qu'il n'avoit pas le tems de faire beaucoup de reflexions : Je vois, disje, qu'il fut assassiné par son imprudence, & qu'un autre moins sage & moins habile que lui ne l'eut pas été.

Un savant Grec nous assure qu'un autre savant Grec étoit sage, & que neanmoins il n'étoit pas prudent ; mais avec toute sa methode & toutes ses distinctions il me semble qu'il s'embarrasse & qu'il ne sait ce qu'il veut dire. Il s'est trompé de regarder la prudence comme une habitude egale & qui ne change point. Il y a bien de choses qui sont presque par tout de même, & celui qui parle bien, parle presque toûjours bien, si ce n'est peut-être sur des sujets qui lui seroient in-

inconnus, encore pourroit on voir qu'il s'y prendroit en maître. Mais la prudence n'est pas de cette nature, elle peut changer de moment en moment, & celui qu'on trouve tres-prudent & tres-retenu dans les interets d'une personne qui lui est chére, est peut-être fort imprudent & fort emporté pour tout ce qui le regarde en son particulier. D'ailleurs la prudence, comme j'ay dit, dépend beaucoup du temperament qui n'est pas immuable, & qui selon le different tour qu'il prend, nous fait differemment considerer une même chose.

Il est vrai que le temperament se peut quelquefois vaincre, mais pour l'ordinaire cela nous paroit plus fâcheux que tout le mal qui nous en peut arriver. Calisthene fut tres-mal avisé de s'être attiré la haine d'Alexandre qui le fit mourir; mais Aristote peut-il conclure de-là qu'il fut par tout imprudent ? Que s'il étoit sage dans le sens qu'Aristote donne à la sagesse, comme qui diroit de connoître les choses de la plus fine veüe, & de la plus haute speculation, il pouvoit bien juger que rien ne chose tant ceux qui cherchent par tout à faire du bruit que de s'opposer à leur gloire, & qu'il étoit dangereux pour son repos de traverser les projets d'un si fier Conquerant que la fortune menoit par la main, & qui vouloit passer pour un Dieu. Calisthene n'avoit qu'à se defaire de son procedé opiniatre & contrariant à l'égard d'Alexandre, & laisser courre la vanité de ce Prince un peu de complaisance l'eut appaisé.

Mais pour montrer que la prudence n'est pas une
habi-

habitude bien fixe & bien égale. Loüis onziéme, si fin & si rusé ne fût-il pas assez imprudent pour s'aller mettre entre les mains de son plus grand ennemi le Duc de Bourgogne? Charles-Quint le plus habile Prince de son siecle ne vint-il pas à Paris, où son Concurrent se pouvoit venger de tous les facheux traitement qu'il en avoit receus à Madrid? & le Cardinal de Richelieu qui se conduisoit avec tant de circonspection, ne fit-il pas la même faute d'être demeuré seul à Bourdeaux, où le Duc d'Epernon qui ne songeoit qu'à le perdre étoit tout puissant? Quand on a de l'esprit on se corrige aisément de l'imprudence, il ne faut que le vouloir.

Il me semble que l'Esprit consiste à comprendre les choses, à les savoir considerer à toutes sortes d'égards, à juger nettement de ce qu'elles sont, & de leur juste valeur, à discerner ce que l'une a de commun avec l'autre, & ce qui l'en distingue, & à sçavoir prendre les bonnes voyes pour découvrir les plus cachées. Il me semble aussi que c'est une marque infaillible qu'on a de l'esprit, de connoître les meilleurs moyens, & de les savoir employer pour bien faire tout ce qu'on entreprend. L'imagination contre fait l'esprit, mais elle n'en a que l'apparence : Neanmoins la plûpart y sont trompez, & c'est ce qui leur fait dire qu'on a beaucoup d'Esprit & fort peu de jugement. Ce n'est pas que ce ne soit un grand avantage que d'avoir l'imagination vive & brillante, & qu'elle ne se puisse rencontrer avec un esprit tres subtil, & tres solide ; mais ce sont deux choses tout a fait differentes.

Les

Les plus vaillans Hommes ne sont pas toûjours les plus grands Juges de la valeur, & les plus belles Femmes jugent souvent mal de la beauté, mais les gens qui ont beaucoup d'esprit, remarquent ceux qui l'ont bien fait dans les moindres actions de leur vie. Je ne vois rien qui donne tant de tristesse & de chagrin que la sottise, & j'entens par la sottise je ne sai quel aveuglement malin, opiniatre, & presomptueux: car encore qu'on ait peu de lumiere, pourveu qu'on soit docile & traitable, on n'est pas un sot. Ces gens simples ne laissent pas de plaire, & j'en ay connu qui se sont rendus honnétes gens. Il me semble aussi que l'Esprit apporte la ioye par tout quand on le fait connoître, & que ceux qui en font le plus, sont toûjours les plus indulgens. On se trouve bien de leur commerce, & plus ils sont connus, plus ils sont aimez: de sorte que les personnes qui les craignent ne savent pas ce qu'il faut craindre. Je ne sai pas tout à fait comment les autres s'en trouvent, mais pour moi je le dis sincerement, je n'ay jamais pratiqué de sots ni de sottes que je ne m'en sois repenti. Outre qu'ils sont toûjours de mauvaise compagnie, & que le vrai merite leur est inconnu, il se rencontre aussi qu'ils sont ingrats, & que même ils ne savent pas quant on les oblige. Mais pour gagner les honnétes-gens, lors qu'on est de quelque valeur, il ne faut qu'être bien intentionné à leur egard, rien ne se perd auprés d'eux; & si l'on veut acquerir de l'Esprit il n'y a pas de voye plus seure ni plus agreable que de les pratiquer.

Ce seroit mal se connoitre à ce qu'on doit aimer,

mer, que de negliger l'Esprit, car il n'y a rien de si beau ni de si grand prix. Les personnes qui l'ont bien fait, tant les hommes que les femmes, comme je viens de dire, y peuvent beaucoup contribuer: la Nature en donne une partie, & le commerce du monde l'autre, mais principalement les profondes meditations. On se peut appliquer toute sa vie à cette sorte d'étude, & s'y rendre de jour en jour plus accompli. Il est vrai que peu de gens sont capables de s'y bien prendre, à moins que d'avoir un peu de secours, & qu'en cela les bons maîtres sont fort necessaires quand on est assez heureux pour en rencontrer. Car outre qu'un bon maître met toûjours dans la bonne voye, il épargne bien du tems & de la peine & même aux plus éclairez. A mon sens la plus grande preuve qu'on a de l'Esprit, & qu'on l'a bien fait, c'est de bien vivre & de se conduire toûjours comme on doit. Cela consiste à prendre en toutes les rencontres le parti le plus honnête, & à le bien soûtenir; & le parti le plus honnête est celui qui paroit le plus conforme à l'état de vie où l'on se trouve.

Il y a des rôlles plus avantageux les uns que les autres: la Fortune en dispose, & nous ne les choisissons pas; mais de quelque nature que soit celui qui se presente, on est toûjours bon Acteur quand on le sait bien joüer. Il y faut avoir de grands égards pour s'en acquitter comme on doit. Auguste demandoit en mourant s'il n'avoit pas bien joüé le sien, & témoignoit par là qu'il en étoit fort satisfait. Je croi pourtant qu'il
n'avoit

n'avoit pas sujet de l'être, & je ne sai comment cela se fait que les plus heureux se plaignent volontiers de leur fortune, & que ceux qui ont le moins de merite, en sont d'ordinaire les plus contens. Auguste se savoit bon gré d'avoir vaincu ses ennemis, & de s'être rendu maître de l'Empire Romain. Cela semble grand & noble, & je ne m'étonne pas que la plûpart en soient ébloüis ; mais à considerer les moyens qu'il avoit tenus pour y parvenir c'est en verité peu de chose. Les bonnes qualitez n'y avoient que bien peu contribué. Il avoit une belle apparence, & je ne sai quelle adresse à tromper le monde : il hazardoit tout excepté sa personne, car il se tenoit toûjours loin des coups, & le moindre bruit du tonnere le faisoit cacher en des lieux soûterrains Mais Cesar qui l'avoit fait son heritier étoit si aimé des gens de guerre, qu'ils suivoient volontiers la fortune de son successeur, de sorte qu'il avoit de bons Soldats & de bons Generaux qui ne lui avoient guere couté : & comme il étoit heureux, tout lui venoit à souhait.

Du reste il étoit ingrat, cruel, sans parole, & je ne croi pas que les plus honnêtes gens de ce tems-là le trouvassent de bonné compagnie : au moins de tant de choses remarquables que les Anciens ont dites, celles qu'on nous rapporte de lui, sont les plus mauvaises. On n'y sent rien de grand, ni de noble, rien d'esprit, ni de bon air, rien d'honnête ni d'humain ; rien qui ne le rende encore plus haïssable. Pour en demeurer d'accord, on n'a qu'à jetter les yeux sur ses bons mots, & pour juger d'ailleurs si je lui impose, il ne faut qu' examiner sa vie : on verra comme ses meilleurs amis furent traitez, comme aprés avoir pris Perouse sur les Romains qui s'étoient rendus, il en choisit trois cens tant de l'Ordre des Chevaliers que des Senateurs qu'il fit égorger, à la maniere des Victimes, sur l'autel de Jules Cesar; comme il en usa avec la Reine de Egypte, qui préfera la mort au traitement qu'elle attendoit de lui ; & comme il fit mourir les enfans qu'elle avoit eu de ce gand Cesar dont il tenoit toute sa grandeur.

D'où vient donc qu'on le loüe encore au lieu de le maudire ? C'est que tout lui réüssit, & que la plûpart ne jugent du prix des choses que par le succés. C'est aussi que les Poëtes de son regne qui receurent de ses bienfaits ne les pouvoient reconnoître que par de fausses loüanges; Les meilleurs de ce tems-là ne songeoient qu'à le flater, & la flaterie adroitement employée tient le plus souvent lieu de merite.

Il y en eut un, qui pour lui complaire, & pour déguiser sa barbarie appelloit la Reine d'Egypte, cét horrible monstre, & c'étoit pourtant la plus aimable Princesse qu'on eut jamais veuë. De cela seul on peut connoître, sils étoient retenus à le flater; mais le monde s'y laissa surprendre, & principalement les gens de lettres, jusques-là qu'un savant homme a bien osé dire, qu'Auguste & Jules Cesar étoient plûtôt differens qu'inégaux. Et sans mentir voila bien jugé pour un chef de justice, & pour un grand Chancelier d'Angleterre. Cela me fait penser à je ne scai quel esprit; Ou pour mieux dire, à je ne sait quel talent de ti-
ran-

rannie, qui vient d'une ambition injuste, & de quelque adresse à prendre le dessus, non pas comme l'honnêteté le souffre, mais autant que la fortune le permet. Les uns ont plus de ce talent, les autres moins, & ceux qui en ont le plus, sont les plus injustes. Ils sont actifs & vigilans, ingrats & calomniateurs. Ils tâchent d'avoir les places de consequence pour faire en sorte que rien ne se passe que sous leur authorité. Et comme ils ne favorisent que leurs creatures, qu'ils ne laissent pourtant pas de sacrifier à leurs interets, il veillent sans cesse à perdre leurs concurrens; & je vois que les plus habiles de ces gens-là n'ont rien de haut prix : car c'est une merveille que de trouver quelque chose d'excellent dans un méchant homme neanmoins les gens du commun en sont éblouïs, & je ne m'en étonne pas. Il semble en effet que c'est quelque chose de grand & de noble, de disposer de la fortune comme on veut d'élever ceux qu'on aime, & quand on souhaite une belle femme, d'en venir à bout malgré tout le monde, comme fit Auguste, qui se maria avec une femme grosse, & dont le mari étoit encore vivant. Mais on observe que leurs creatures deviennent souvent leurs ennemis, & que s'ils possedent la personne d'une belle femme, ils n'en ont pourtant ni le cœur ni l'esprit. Car il arrive toûjours que ceux qui ont le genie de se rendre les maitres par ces voyes-là, n'ont pas celui de se faire aimer. Et ne dit-on pas que ce Tiran fut empoisonné par cette femme qu'il avoit preferée à toutes les autres ? Cét esprit de tirannie se rencontre en toute sorte de conditions;

ons; mais il n'éclate & ne fait de bruit que dans le grand monde.

Ce n'est pas que ce ne soit une belle chose, de se rendre capable de gouverner; & puisque c'est une espece de necessité que de commander ou d'obeïr, un grand Homme qui peut tenir la premiere place sous un grand Prince, & la remplir dignement, fait toûjours bien de s'y mettre plûtôt que de la laisser prendre à d'autres qui ne s'en acquitteroient pas avec tant de succés. Comme on voit pour les edifices beaucoup de bons Ouvriers & fort peu d'excellens Architectes, il me semble que dans un Royaume il se trouve assez de gens, qui font bien ce qu'on leur ordonne quand on les fait employer. Mais la science de les choisir, & de conduire tout le dessein des Rois, est bien rare, & pour éclairé que puisse être un Souverain, les plus sages Politiques demeurent d'accord qu'il a besoin d'un premier Ministre, qui soit habile, fidele & juste, & qui se sacrifie à ses projets: Autrement la plus belle condition du monde ne seroit pas heureuse, ou du moins elle seroit bien penible, & pour celui qui travaille sous le Prince, il est toûjours assez content d'un emploi si glorieux.

Il ne faut pas confondre l'esprit & la raison, comme si c'étoit une même chose, & je trouve qu'on peut bien être fort raisonnable & n'avoir que fort peu d'esprit. Pour entendre ce que je veux dire, on peut considerer la raison comme une puissance de l'ame commune à l'esprit & au sentiment : de sorte que ce que nous appellons
rai-

sonner, n'est autre chose que l'action de l'esprit, ou du sentiment, qui vont d'un objet à un autre, & qui reviennent sur leurs pas. L'esprit fait plus de reflexions que le sentiment, & d'une maniere plus pure & plus distincte. Mais comme j'ay dit qu'on pourroit être fort raisonnable, & n'avoir qu'un esprit mediocre, il me semble aussi qu'on peut avoir l'esprit au dessus du commun, & n'être que fort peu raisonnable. Cela se voit quand l'esprit quoi qu'excellent n'est pas encore accoûtumé à refléchir, comme il arrive à la plûpart des jeunes gens, qui suivent leurs premieres veuës sans examiner les inconveniens qui s'y rencontrent. Et pour revenir à ceux qui sont fort raisonnables sans avoir beaucoup d'esprit, c'est que si peu qu'ils en ont, refléchit aisément par une longue habitude, & que d'ailleurs ils ont le sentiment de plusieurs choses que n'ont pas ceux qui ont plus d'esprit. Quand l'esprit & le sentiment n'usent point de reflexions, ils agissent tout d'un coup; mais s'il faut que l'un des deux passe d'une chose à une autre pour trouver ce qu'il cherche, cela ne va pas si vite, il y faut employer du tems.

Il y a des gens qui font de certaines choses par inclination, ou par instint, ou par habitude, & parce qu'ils font bien ces sortes de choses sans sa- voir neanmoins par où elles sont bien, on croit qu'ils ont de l'esprit, mais quand on les dépaïsé, & qu'on les tire de leur talent, on les y renvoye aussi-tôt : car l'esprit & le talent ne sont pas de même nature. Il me semble que l'esprit est d'une si grande étenduë que la moindre chose qu'on fait par l'esprit, témoigne qu'on qu'on feroit capable de tout ce qu'on entrependroit, qui s'y voudroit appliquer sous d'excellens maitres. Mais l'esprit ne s'attache pas indifferemment à tout ce qui se presente, il suit sa pente & sa destinée : & delà vient le plus souvent qu'on n'excelle pas dans une chose quoi qu'on soit admirable dans une autre.

C'est un grand signe d'esprit que d'inventer les Arts, & les Sciences ; mais les Inventeurs laissent toujours quelque chose à faire à ceux qui les suivent, & cela vient de ce qu'ils sont assez contens de leurs inventions, sans se mettre en peine de leur donner la derniere main. Car il ne faut pas douter que ceux qui inventent les choses, ne soient plus capables de les perfectionner que leurs imitateurs. Il arrive pourtant que d'excellens genies découvrent dans les inventions de nouvelles veuës qui les achevent, & ceux-là ne sont pas de moindre prix que les premiers Invenreurs.

Homere n'avoit pas inventé la Poësie, ni Demosthene l'Eloquence, ni Appelle la Peinture, ni Praxitele la Sculpture, Archimede la Geometrie, ni Drac la navigation ; mais ils ont surpassé de bien loin les inventeurs. Cesar non plus n'avoit pas découvert la science de la guerre, & neanmoins ç'en est le maitre, tout ce qu'on a veu de lui en ce métier sont comme autant d'originaux.

C'est encore une marque d'un bon fonds d'esprit, de n'être abusé ni des modes, ni des coutumes ; de ne decider de rien à moins que de bien voir ce qu'on decide, de compter pour peu
de

de chose l'authorité (de qui que ce soit, quand on voit qu'elle impose, & qu'elle choque le bon sens, ce n'est pas le moyen d'exceller que d'être toûjours imitateur. Il faut travailler sur l'idée de la perfection. Que s'il arrive qu'en ce qui regarde l'Esprit, soit pour bien parler, ou pour se bien prendre à tout ce qui se presente, on ne puisse ailer de soi-même, & qu'on soit contraint d'imiter, à moins que d'avoir pour modele le Dieu de la Poësie, ou la Deesse des Graces, il faut être aussi promt à rebutter les défauts des Maîtres qu'à prendre ce qu'on leur trouve de meilleur.

Tout ce qu'on nous rapporte de la vieille Cour n'est pas au gout des Dames d'aujourd'hui, & Monsieur de *** qui vous vouloit faire admirer leurs bons mots, ne pouvoit pas même vous les faire comprendre. Sur quoi, Madame, j'ay à vous dire que c'est un bon signe d'intelligence de ne pas entendre ce qui n'est pas intelligible, & que c'est encore une marque d'un bon discernement de rejetter sans reflexion une mauvaise équivoque qu'on veut faire valoir comme un bon mot.

Un jeune homme qui venoit alors dans le monde, s'il avoit dessein de se rendre agreable, & d'être un galant homme, il n'avoit les yeux que sur quatre ou cinq Courtisans qui prenoient le dessus du côté de l'Esprit, & de la galanterie ; mais quelque Dames de ce tems-là, s'apperceurent que c'étoit un si faux esprit & une si fausse galanterie qu'il faloit être bien dupe pour s'y laisser surprendre ; & puis en examinant les choses qui leur donnoient tant de reputation, on en con-

connoît aisément le peu de valeur.

Mais seroit-il possible que dans une Cour si grande, si brillante & si magnifique, au milieu de tant de parure & d'éclat, parmi tant d'hommes bien faits & de belles femmes, qui ne songeoient tous qu'à plaire: seroit-il possible, dis-je, qu'il n'y eut pas eu la moindre étincelle de cét Esprit que vous aimez & qui vous rend si aimable? Cela d'abord paroit bien étrange. Cependant à le considerer de plus prés, il ne s'en faut pas étonner. Car il me semble qu'on est plus ébloüi qu'on n'est éclairé de l'éclat & du faste. Les plus honnêtes gens veulent que tout soit propre, que tout soit agreable & commode; mais ils se passent des choses de montre, & qui ne sont bonnes qu'à jetter de la poudre aux yeux. Ce n'est pas dans la grande parure que se trouvent les meilleurs entretiens, & les personnes qui se font tant remarquer par leurs habits, ne brillent pas pour l'ordinaire en leurs discours. Il y avoit plus d'esprit & plus d'honneur en cette pauvre Republique de Lacedemone, qu'en cette riche Cour du Roi de Perse. Mais d'un autre côté, je vois que Salomon & Cesar, l'un le plus sage Prince du monde, & l'autre le plus habile: je vois, dis-je qu'ils aimoient la pompe & tout ce que la grandeur a de plus riche & de plus éclatant. Que peut-on conclure de tout cela; si ce n'est qu'on ne sauroit tirer de consequences bien certaines d'une chose à une autre, en ce qui regarde les divers talens des hommes? Mais enfin on se peut asseurer qu'il y avoit peu d'esprit dans la vieille Cour, puis qu'un seul eut
desabusé

desabusé tout le reste, ou du moins qu'il se sût moqué de ce qu'on admiroit. Car encore qu'il soit bien difficile de découvrir en chaque chose la meilleure maniere, Il est pourtant vrai que si quelqu'un la rencontre, il y a peu de gens qui ne la sentent, quand on les en avertit, & les mauvais Ouvriers n'en font pas accroire aux excellens Maîtres.

De la sorte qu'on parle des autres Cours je m'imagine que c'est à peu prés la mesme chose, & cela vient de ce que la plûpart des plus grands Rois aprés avoir rendu leurs sujets heureux, ne pensent guerre qu'à se voir en de beaux Palais richement meublez, & sur des jardins agreables ; à goûter la bonne chere & la Musique, avec les plus belles femmes de leur tems ; à se divertir, à joüer, à chasser, à la Comedie, dans les Bals & dans les Balets, selon les coûtumes des Nations ; & pour joüir de tout cela bien à leur aise, ils choisissent des gens qui leur fassent venir l'abondance ; & de ces autres qui savent gagner les batailles. Ils sont bien servis de ce côté-là, parce que ceux qui se presentent pour ces sortes de choses, se peuvent d'abord faire connoître, & que les plus capables sont presque toûjours les mieux receus. Pour tout le reste, les grands Princes sont d'ordinaire dans un grand repos.

Si quelque habile homme faisoit dire au grand Seigneur qu'il a l'invention d'une machine à prendre la plus forte place en moins d'un jour, ou qu'il proposât dans la Cour du Mogol, d'embellir son Palais d'un ornement plus riche & plus élaéclatant que sa vigne d'or, & de pierreries, cet homme seroit écouté: Mais s'il alloit dire à l'un ou à l'autre tout ce qu'en la nature on peut rechercher pour faire un grand Prince & une Cour d'honnétes gens; ils ne goûteroient pas son langage; & avec tout son esprit il n'auroit qu'à s'en retourner. Ce n'est pas que s'il avoit le tems de prendre leur maniere de penser il ne leur fit comprendre, & peut être aimer ce qu'il auroit à leur dire : car il en desabuseroit beaucoup de la mauvaise gloire, & des fausses joyes, & les rendroit plus heureux. Mais comme le sentiment de la perfection ne se donne pas tout d'un coup, & que pour s'y confirmer on a besoin de diverses reprises; il faudroit que ces Princes crussent d'abord que quelque chose leur manque, & qu'ils ne fussent pas si contens de ce qu'un Maître, qui peut-estre n'en savoit que bien peu, leur a montré.

Que si quelque Prince bien intentionné veut chasser la barbarie, comme en usa François Premier, ou ce Roi d'Angleterre, qui se rendit si savant, ou cette Princesse du Nort : qui sans Royaume ne laisse pas d'être une grande Reine; il arrive je ne sai comment que leur dessein ne réüssit pas; & cela pourroit bien venir de ce qu'au lieu de s'adresser à quelqu'un qui connut en tout le bien & le mal, ils ont recours aux meilleurs Mathematiciens, qui ne les sauroient entretenir que de figures & de nombres, ou à des gens de grande lecture, qui savent l'histoire par cœur sans y avoir fait de reflexion, ou à ceux qui se sont curieusement instruits des beaucoup
de

Langues sans avoir pourtant rien à dire ; Ou enfin à ces autres qui disputent toûjours, & qui ne disent rien qu'on puisse comprendre. Je prens garde qu'un Prince qui fait venir ces gens-là n'en profite pas, puisqu'ils ne sauroient lui plaire, & qu'il n'aprent rien de ce qu'ils savent ; mais s'il appelloit les plus honnétes gens de son siecle, il auroit du moins le plaisir de les voir, & de se rendre plus honnéte homme. Car il est impossible de pratiquer un parfaitement honnéte homme, qu'on ne soit bien aise de l'entendre parler, & qu'on n'en devienne plus honnéte & plus agreable

Comment se peut-il donc faire que cette Cour soit si differente de ce qu'elle étoit autrefois ? Henri le Grand qui jugeoit bien de tout, quoi qu'il n'eut guere étudié que le métier de la guerre, & le feu Roi ce me semble n'y ont pas peu contribué. Ce Prince que nous avons veu, avoit l'esprit delicat, & disoit d'excellentes choses. Peut-on rien dire de plus agreable que ce mot : Mettez vôtre chapeau Brion, mon frere le veut bien, & tant d'autres que je pourrois rapporter. Comme il aimoit la bonne raillerie, il rebutoit fort celle qui prenoit le contre-pié, & le C. D. R. pensa être disgracié pour en avoir écrit une au M. D. E. encore qu'elle n'eut rien de coupable que d'être fort mauvaise. La Cour a donc fait du progrés en ce qui regarde l'esprit & la galanterie, mais elle s'acheve sous ce grand Prince que le monde admire, & que les vrais Agrémens n'abandonnent point.

Il ne faut pas s'imaginer d'avoir bien de l'esprit
quoi-

quoiqu'on fasse de grandes choses, quand elles se font bien aisément ; & je me souviens, Madame, que vous disiez d'un fort habile homme, qu'il n'étoit pourtant ni Divin, ni Prophete. Et sans mentir, à moins que d'avoir beaucoup de l'un & de l'autre, on n'a pas l'esprit comme il seroit à desirer. En quelque lieu qu'on se rencontre il faut penetrer les choses qui se vont produire, & prevoir ce qui doit arriver, quoique le succés en paroisse encore douteux ; car d'attendre qu'on en soit averty, peu d'amis s'en veulent charger, & les evenemens n'instruisent que les moins habiles. Mais comment peut-on se servir de ce conseil ? Il faut observer que tout parle à sa mode, un nuage épais fait sentir l'orage avant que le tonnerre gronde, & rien ne se passe dans le cœur ni dans l'esprit qu'il n'en paroisse quelque marque sur le visage ou dans le ton de la voix, ou dans les actions, & quand on s'accoûtume à ce langage il n'y a rien de si caché ni de si broüillé qu'on ne découvre & qu'on ne démelé.

Quelqu'un disoit à une Dame. Que faut-il que je fasse pour vous persuader que je vous aime ? Il me faut aimer, lui dit elle, & je n'en douterai plus. Elle avoit raison, la verité quand elle parle est toûjours eloquente, mais ce qu'on feint ne se peut montrer bien naturel. Car le Soleil en peinture n'éclaire ny n'échauffe, l'eussions-nous de la main de Mignard, ou du Brun, ou d'Appelle ; & les faux soûpirs, ni les fausses larmes n'ont rien qui sente un profond regret. Il est vrai qu'une feinte qui se sert d'un moyen
reel

reel & veritable est plus difficile à decouvrir. Un homme se croit fort bien auprés d'une Dame, qui neanmoins ne fait que semblant de l'aimer. Il prend congé d'elle pour aller à l'armée, & cette Dame s'afflige, elle pleure, elle devient jaune, elle tombe en langueur, enfin elle est si sensiblement touchée qu'on diroit qu'elle va mourir. Si cét homme n'en découvre la cause, plus il se connoîtra en veritable douleur, plus il sera persuadé de sa bonne fortune. Mais si tout cela se fait pour un autre qui parte en même tems, & pour le même voyage, celui que cette Dame trompe ne se desabusera pas aisément.

Les mieux faits & les plus galans s'attachoient auprés de la ***, outre qu'elle ne s'en fâchoit pas, elle s'aimoit fort à la Cour, & je prenois garde qu'elle vouloit plaire à tout le monde & presque indifferemment, Il arrive qu'elle fut appellée en un païs étranger, & quand elle se vit contrainte de quitter tout ce qu'elle avoit de plus cher en France, elle eut des regrets bien vifs & bien cuisans. Ceux qui prenoient congé d'elle en secret la voyoient fondre en larmes, & chaque particulier s'en faisoit honneur, comme si elle n'eust pleuré que pour lui.

Il me semble aussi qu'avec cét esprit dont nous parlons, on trouve en toute rencontre, & sur toute sorte de sujets ce qu'il y a de meilleur & de plus agreable à dire. Il arrive même souvent qu'on fait ce qui semble impossible, & qu'on découvre quelque expedient & quelque remede aux choses les plus desesperées. Car il n'y a presque

que rien qui ne se puisse faire quand on a l'esprit d'en connoitre les moyens, & l'adresse de s'en servir. Enfin comme l'esprit est d'une si grande étenduë, & qu'il se montre sous tant de formes differentes, il seroit bien malaisé de dire tout ce que c'est que d'avoir de l'esprit sans faire un fort long discours; & quoy qu'il soit vrai qu'on ne sçauroit avoir trop d'esprit, je croy neanmoins qu'on n'en sçauroit trop peu parler. Le monde se plait à voir bien faire les choses, mais on n'aime pas que ceux qui les font en discourent beaucoup, c'est la mode, & je la trouve bien fondée. Car lors qu'on parle d'une chose où l'on excelle, encore qu'on ne dise rien de soi même, il semble pourtant qu'on veüille tourner le discours sur son sujet, & qu'on cherche des loüanges, ce qui sied toûjours mal. Il arrive aussi que quand on est achevé en quoique ce soit on s'y accoûtume, on regarde cela presque indifferemment, & comme une chose fort commune, ou du moins fort facile, & peut être que M. L. P. passe des mois entiers sans dire un mot de guerre. Ainsi les plus habiles ne parlent pas volontiers de l'habileté, ni les plus braves de la valeur. Je voi même que les plus belles femmes qui sçavent discourir sur tant de sujets, n'aiment pas à parler de la beauté. Tout cela neanmoins ne tire pas à consequence pour des personnes qui sont en particulier, & qui n'ont rien à faire qu'à s'instruire, qu'à s'éclaircir, & même qu'à se divertir de tout ce qui se presente; & quand on est de la sorte, on n'a pas plus d'égard à la mode qu'en la voient les solitaires de la Thebaïde.

Il faut s'accoûtumer de bonne heure à conconnoître l'esprit, je veux dire à juger ce qui se trouve de plus rare & de plus grand prix en tout ce qui regarde l'esprit ; & ne pas s'abuser de ce qui n'en a que l'apparence ; car on s'y trompe frequemment, & même les plus habiles qui gouvernent le monde.

Ce ne sont pas les regles ni les maximes, ni même les sciences qui font principalement réüssir les bons ouvriers, & les grands hommes. Ces choses-là peuvent beaucoup servir pour exceller, & même il semble qu'elles soient necessaires ; mais on peut les avoir & ne rien faire que de fort commun si le reste manque. Qu'y faudroit-il donc ajoûter ? Ce seroit de l'esprit, du sentiment, & de l'invention ; ce seroit de pouvoir découvrir sur les sujets particuliers tout ce qu'il y a de meilleur à faire, & tout l'avantage qui se peut tirer du tems & des circonstances. Car les regles qui ne regardent rien en particulier n'en peuvent pas instruire. De sorte qu'un Peintre à moins que d'avoir le genie de Raphaël en pourroit savoir plus que lui & n'être qu'un mediocre Peintre. Comme aussi un General d'armée pourroit avoir plus de regles, plus de science, & plus de maximes que le Duc de Parme, & n'être pas fort habile dans la guerre.

Il me semble donc que pour exceller en tout, c'est le point de la plus haute importance que d'avoir de l'esprit, mais il ne sert que bien peu d'en être persuadé, si l'on ne sçait en même tems que l'on en peut acquerir. Encore que cette question paroisse douse à la

plûplupart du monde, elle ne l'eſt pourtant pas à mon égard. Je voy tres-nettement que l'heureuſe education y contribuë, & peut-être plus que la nature: & je voudrois bien le pouvoir montrer auſſi clairement que je le connois.

Il y a deux ſortes d'eſprits. Les uns qui ſont en petit nombre, comprennent les choſes d'eux-mêmes. Ce ſont eux qui ont cherché dans les idées de la nature & qui ont inventé ou perfectionné les arts & les ſciences. Les autres qui ſont d'un naturel plus pareſſeux ou plus negligent n'inventent pas pour l'ordinaire, mais ils comprennent ce que leur diſent les inventeurs, tantôt plus vite, tantôt plus lentement. Car on obſerve encore pluſieurs differences, tant des uns que des autres, je veux dire des inventeurs, & de ceux qui n'inventent pas. Il eſt certain que cette premiere diſpoſition qui nous rend capables d'entendre, nous vient quand nous venons au monde, c'eſt un preſent du Ciel, c'eſt une lumiere naturelle qui ne ſe peut aquerir, mais elle s'augmente, elle s'éclaircit, elle ſe perfectionne, & c'eſt ce que nous appellons aquerir de l'eſprit. Or en quelque ordre d'eſprit que l'on ſe rencontre, il ne faut pas douter que l'on n'en puiſſe aquerir. Si l'homme le plus éclairé naturellement ſe reſſouvient de quelle veuë il regardoit les choſes dans ſon enfance, & qu'il examine comme elles lui paroiſſent dans un âge plus avancé, peut il mettre en doute qu'il n'ait acquis de l'eſprit? Et pour le commun des hommes, l'experience
donne

donne à connoitre si visiblement qu'ils y peuvent faire du progrés, qu'il ne semble pas seulement que leur esprit s'augmente, mais aussi qu'il en vienne comme par inspiration à quelques-uns, qui faute d'experience ou d'instruction n'en témoignoient pas la moindre apparence, & qui neanmoins deviennent tres-intelligens & tres habiles, quand on les fait mettre dans les bonnes voyes. Le secret consiste à les entretenir sur les moindres sujets de tout ce qui peut elever leur intelligence, & lui donner de l'étenduë, mais à ne leur rien dire qui ne soit vrai, qui ne soit clair & bien démélé.

Il me semble aussi que pour acquerir de l'esprit, & pour se perfectionner en toute autre chose, l'exemple & le commerce des personnes rares est un moyen bien facile & bien asseuré. Un jeune homme qui devient amoureux d'une femme qui se connoit à ce qui sied bien, & qui le fait pratiquer, combien pensez-vous qu'il se peut rendre honnéte homme auprés d'elle? car naturellement l'amour donne des inventions pour paire à la personne qu'on aime; & si cette Dame juge sainement de tout, il n'y a que le merite exquis & les manieres nobles qui la puissent gagner. De sorte que si ce jeune homme se prend bien à vivre ou à parler en sa presence, un souris, un clin d'œil lui fait sentir qu'elle l'approuve & le confirme dans les bonnes voyez. Que s'il vient à dire une impertinence, ou à faire une action grossiere, ou de mauvaise grace; le moindre rebut le corrige mieux que toutes les remontrances d'un gouverneur. Et puis comme on a du plaisir à penser la personne qu'on aime, & que ses façon reviennent devant les yeux, & repassent doucement dans l'imagination, elle imprime en ce jeune homme tout ce qu'elle a de plus rare, & de plus aimable : car rien ne se communique plus aisément que ce qui plait. Comme on croit aussi qu'une belle femme ne se peut défendre d'aimer une fois en sa vie, & que le destin l'ordonne, elle doit bien souhaiter que ce soit un honnête homme qu'elle aime, quand ce ne seroit qu'elle en devient plus honnête & plus agreable. D'ailleurs cela nuit beaucoup à la reputation d'une Dame qui peut choisir, quand on a le moindre soupçon qu'elle fait cas d'un impertinent, ou que même elle souffre d'en être aimée.

D'ailleurs, on se peut asseurer que les passions ne sont pas de même nature, quoi qu'on les comprenne sous un même nom. Par exemple, on est triste de perdre une personne qu'on aime, comme on l'est de se voir ruiner sans ressource. Mais ces tristesses produisent des effets tout differens, & celui qui voudroit observer deux hommes vivement touchez, dont l'un verroit mourir sa Maîtresse, & l'autre perir tout son bien dans un naufrage, trouveroit dans leurs actions & dans leurs mines des mouvemens bien divers. Et qui seroit assez habile par une longue experience, pourroit découvrir seulement à les regarder les sujets de leur desespoir. Outre que selon la cause des passions il y a toûjours quelqu'autre sentiment qui les accompagne. Celui qui s'afflis'afflige de la mort d'un ami, mêle dans ses regrets des mouvemens de tendresse & de pitié. Cét autre qui vient de perdre sa reputation, dans l'excés de son déplaisir est encocore tourmenté de la colere & de la honte. Et puisque les mouvens de l'ame plus ou moins nobles, sont aussi des effets plus ou moins dignes de loüange, il est certain que quand on aime une personne d'une merite exquis, cét amour remplit d'honnéteté le cœur & l'esprit, & donne toûjours de plus nobles pensées, que l'affection qu'on à pour une personne ordinaire.

Il me semble que pour acquerir de l'esprit, & pour appendre à s'en bien servir, il faut toûjours essayer de voir quelque chose de mieux & de plus haut prix que ce qu'on a fait. C'est le moyen de s'achever. Mais il arrive quelquefois qu'on approche tant de la perfection qu'on s'en peut rejoüir comme si on l'avoit trouvée, & peut-être qu'on la trouve en quelque rencontre, & qu'on n'y devroit pas être si défiant.

Il est certain qu'il n'y a rien de si mal-heureux que de n'avoir point d'esprit t que c'est par-là que beaucoup de gens qui s'imaginent d'étre en honneur, sont diffamez ; qu'avec un defaut si honteux tous les avantages de la naissance & de la fortune sont inutiles pour se mettre en reputation parmi les honnétes gens, & pour s'en faire aimer ; qu'il n'y a point de bonnes qualitez qui plaisent, si la sottise les accompagne, & qu'il se trouve bien peu de sots qui ne le soient par leur faute. De

B 4 sorte

sorte que je suis persuapé qu'on ne sauroit assez rechercher les moyens d'avoir de l'esprit, & que c'est la plus utile, & la plus belle chose du monde.

On se doit bien garder de confondre, comme quelques personnes font, la simplicité avec la sottise. La sottise me semble toûjours insupportable de quelque fasson qu'elle se presente. Elle est opiniatre, incommode, arrogante, envieuse, perfide, ingrate, chicaneuse, formaliste, bourgeoise, pedante, affirmative, avare, interressée en tout, & fort rigoureuse à conserver ses droits. Elle n'admire que la fortune & l'établissement, & je prens garde que les choses du plus haut prix luy sont comme autant de chimeres. Je voy de plus, qu'elle ne se conduit que par coûtume, & qu'elle ne manque jamais de prendre la route des sots. Car la sottise n'a pas moins d'aversion pour l'esprit que l'esprit pour la sottise.

Cela me fait souvenir que les Macedoniens étoient bien sots, & bien injustes, de vouloir qu'Alexandre vécut toûjours à la Macedonienne, & je trouve tout-à-fait raisonnable ce que leur disoit ce Prince, que depuis si long-tems qu'il couroit le monde, il avoit veu que les étrangers faisoient quantité de choses beaucoup mieux que les Grecs, & qu'il en vouloit profiter.

Mais la simplicité se montre douce, accommodante, docile, égale, juste, fidele, liberale, reconnoissante, & peu soupçonneuse. Elle ne ne se défie que d'elle-méme; & quand elle fait quelque faute, elle aime bien qu'on l'en avertisse, & tâche de s'en corriger. Elle admire les bonnes qualitez qu'elle n'a pas, & fait ce qu'elle peut pour les aquerir. Comme elle prend en gré tout ce qu'elle peut expliquer à son avantage, elle voudroit que tout le monde fut heureux. Que si sa lumiere n'est pas d'une grande étenduë, ce qu'elle en a, pour le moins est si pur, qu'elle sent bien ce qui lui manque, & qu'elle est toûjours préte à le recevoir. Cette simplicité n'a rien qui ne soit noble, & je trouve méme qu'elle sied bien à l'esprit.

C'est un témoignage d'un esprit bien juste, & bien clair-voyant que d'aller toûjours droit au but, & de ne prendre jamais rien à gauche, ni de travers. Combien voit-on de gens qui sont perpetuellement éloignez du vrai sujet dont on s'entretient, & qui s'offensent de ce qui les deuroit obliger?

La moquerie est une marque d'un petit esprit, & d'une méchante inclinasion: à moins que ce ne soit une moquerie d'enjoûment, qui n'a rien de malin, ni d'injuste, & qui ne choque personne, comme celle de Madame de ***, & de cette autre Dame que vous connoissez, & qui s'y plait encore plus qu'elle: Cette sorte de moquerie est obligeante, & je voy qu'on ne la pratique jamais qu'avec les personnes qu'on aime, ou du moins qu'on est bien aise de voir. Je remarque aussi, que lors qu'on se rencontre avec des gens qui valent beaucoup, ou qu'on lit des Autheurs

theurs qui ont quelque chose de rare, s'il arrive qu'on n'y prenne pas garde, c'est un fort mauvais signe, & cela veut dire non seulement qu'on manque d'esprit, car rien n'échape à l'esprit, mais aussi qu'on n'a pas les bonnes qualitez qu'on n'a sçeu découvrir en ceux qui les ont.

Il y a des gens qui semblent dans le monde avoir plus d'esprit que les autres, mais qui n'ont à les bien examiner qu'une imagination confuse qui leur presente beaucoup de fausses visions sans aucun discernement, ce sont les moins capables d'instruction. J'en ay pourtant vû qui sont devenus fort raisonnables. Il faut pour cela qu'ils soient bien dociles, ce qu'ils ne font pas volontiers, & leur communiquer du goût & de la justesse, ce qui n'est pas encore bien aisé. Le meilleur moyen pour leur donner de l'esprit, c'est d'éclaircir, & de regler leur imagination, & d'en faire une espece d'intelligence. Cela se peut en l'occupant sur des sujets fins & subtils, d'une grande étendüe, & peu sensibles; car l'imagination naturellement ne s'exerce que sur des sujets bornez & particuliers. Mais quand elle s'accoûtume par reflexion à considerer ces objets out d'une veuë, qu'elle se fait une idée de ceux qui sont d'une même nature, qu'elle separe ceux qui n'ont rien de commun, & qu'elle regarde les choses non seulement comme elles paroissent, mais qu'elle essaye aussi de penetrer ce qu'elles font, il me semble qu'à la longue elle se tourne en intelligence, ou du moins qu'elle en approche beaucoup.

C'est a quérir de l'esprit, que de se rendre plus habile en tout ce qui regarde la vie. Cét avantage consiste à nous bien servir des choses qui dépendent de nous pour vivre plus heureusement. Mais il faut observer qu'il y a bien de la difference entre un habile homme, & un habile ouvrier : car un habile homme qui se sçait conduire en tout ce qui le peut rendre heureux, ne sçait le plus souvent que cela. Et pour l'ordinaire les meilleurs artisans ne sont habiles que dans leur métier, parce qu'ils n'ont guere pour but que d'en trouver la perfection, & qu'ils ne l'aiment que pour elle-même. Ainsi le Tasse, le plus habile Poëte de son tems, n'étoit pas un habile homme, comme on le peut juger à sa conduite. Et par ce que la Poësie est un peu suspecte d'imprudence, ces divers talens se peuvent remarquer en toutes sortes de professions; comme entre deux Généraux d'armée, dont l'un sera plus grand Capitaine, & l'autre aura plus d'adresse à se faire valoir. On voit encore des Ministres d'Etat qui gouvernent très prudemment un Royaume, & qui ne font rien pour eux, ni pour ceux de leur maison. Il est vrai que cela leur vient quelque-fois de ce qu'ils n'aiment que l'honneur, & qu'ils méprisent les richesses. Mais c'est d'ordinaire que hors de leur métier ils ne sont pas habiles gens. Au lieu qu'un autre Ministre d'Etat, qui sera fort ignorant
dans

dans la politique, parce qu'il sait user à son avantage de tout ce qui lui arrive, & même des fautes qu'il fait, se rendra terrible & puissant, & sur tout sous un Prince qui n'y prend pas garde, & qui se repose sur lui. Mais en toute sorte de talent & de métier, c'est une marque infaillible d'un petit esprit que d'en demeurer toûjours à un certain dégré. Tous les grands hommes, tous les excellens ouvriers, ont cherché les moyens les plus cachez pour atteindre à la perfection; Et les personnes qui se conduisent par l'intelligence, & sur des maximes bien certaines, font incessamment quelque progrez.

Du reste, ce n'est pas une occupation penible, ni fascheuse que d'aquerir de l'esprit. Les plus attachez à leurs sens & les plus libertins s'y plaisent quand on leur en ouvre l'entrée, & qu'on les y mene agreablement. Que si l'étude ennuye ce n'est pas celle qui donne de l'esprit. Et de la sorte qu'on étudie, on peut avoir appris tout ce qui s'enseigne & n'en étre pas plus intelligent. Car ce qui s'enseigne, ce sont des langues, ce sont des histoires; c'est le cours d'une riviere, ou la situation d'une montaigne; ce sont des figures, des nombres, des raisonnemens fondez sur des principes qu'on n'entend pas, ou des loix que le caprice d'un legislateur nous a données. On sent bien quand on apprend tout cela qu'on n'en devient ni plus habile, ni plus honnête, & c'est ce qui fait qu'on y passe fort mal le tems;

tems; mais ce qui donne de l'esprit est toûjours agreable: jamais on ne s'en degoute, & plus on s'y accoûtume, plus on l'aime. Car ce n'est pas le travail penible, ni les grands soins qui le font aquerir. La recherche en est douce & tranquille; & quand on en prend le bon chemin on ne manque de s'y rendre.

Il me semble que la sottise est l'aveuglement de l'ame, & comme nous aimons naturellement à connoitre, il est certain que si les choses que nous appercevons par les yeux nous causent du plaisir, de cela seulement que nous les voyons, celles que nous découvrons par l'esprit, ne nous en apportent pas moins par le seul avantage que nous trouvons à les comprendre. Je m'imagine donc que ceux qui sont accoutumez à ces deux sortes de veuë, s'ils étoient contrains de renoncer à l'une ou à l'autre, ils seroient bien en peine du choix. Neanmoins j'ay demandé à des gens de bon sens, qui dans leur vieillesse n'avoient plus de si bons yeux, s'ils voudroient encore avrir les yeux de leur enfance enfance, à condition d'en avoi aussi l'esprit; ils m'ont tous témoigné, qu'ils aimeroient mieux de l'esprit, que les yeux d'un aigle. Quoiqu'il en soit, je vous asseuré, Madame, & vous le savez mieux que moi, que tout ce qui nous apporte cette lumiere d'intelligence nous plait, & je vous asseure aussi qu'il n'est pas difficile de l'aquerir. Outre que je comprens la chose en elle-méme, je la sai par tant d'experiences, qu'il m'est impossible d'en d'en douter, & je vous en dirai une, s'il vous plaît de l'entendre.

Je fis un voyage avec le D. D. R. qui parle d'un sens juste & profond, & que je trouve de fort bon commerce. M. M. que vous connoissez, & qui plaît à toute la Cour, étoit de la partie ; & parce que c'étoit plûtôt une promenade qu'un voyage : nous ne songions qu'à nous réjoüir, & nous discourions de tout L. D. D. R. a l'esprit mathematique, & pour ne se pas ennuyer sur le chemin, il avoit fait provision d'un homme d'entre d'eux âges, qui n'étoit alors que fort peu connu, mais qui depuis a bien fait parler de lui. C'étoit un grand Mathematicien, qui ne savoit que cela. Ces sciences ne donnent pas les agrémens du monde, & cét homme qui n'avoit ny goût, ni sentiment, ne laissoit pas de se mêler en tout ce que nous disions ; mais il nous surprenoit presque toûjours, & nous faisoit souvent rire. Il admiroit l'esprit, & l'éloquence de M. du Vair, & nous rapportoit les bons mots du Lieutenant Criminel d'O ; nous ne pensions à rien moins qu'à le desabuser : cependant nous lui parlions de bonne foi. Deux ou trois jours s'étant écoulez de la sorte, il eut quelque défiance de ses sentimens, & ne faisant plus qu'écouter, ou qu'interroger, pour s'éclaircir sur les sujets qui se presentoient, il avoit des tablettes qu'il tiroit de tems en tems, où il mettoit quelque observation. Cela fut bien remarquable, qu'avant que nous fussions arrivez à P.... il ne disoit presque rien qui ne fut bon, & que nous n'eussions voulu dire, & sans

men-

mentir c'étoit être revenu de bien loin. Aussi pour dire le vray, la joye qu'il nous témoignoit d'avoir pris tout un autre esprit, étoit si visible, que je ne croy pas qu'on en puisse sentir une plus grande ; il nous la faisoit connoître d'une maniere envelopée, & mysterieuse.

Quel subit changement du sort qui me conduit !
J'étois en ces climats où la neige & la glace
Font à la terre une horrible surface,
Pendant cinq ou six mois d'une profonde nuit :
Aprés quand le Soleil y revient à son tour,
Il se montre si bas, & si pâle & si sombre,
Que c'est plûtôt son fantome ou son ombre.
Que l'aimable Soleil qui ramene le jour.
Dans un triste silence & comme en un tombeau
Je cherchois à me plaire, où l'extréme froidure,
Ensevelit au sein de la Nature,
Par un nuage épais ce qu'elle a de plus beau.

Cependant, continuoit cét homme, je ne laissois pas d'aimer des choses qui ne me pouvoient donner que de tristes plaisirs, & je les aimois, parce que j'étois persuadé que les autres ne pouvoient connoître que ce que j'avois connû. Mais enfin je suis sorti de ces lieux sauvages, me voilà sous un Ciel pur & serein. Et je vous avouë que d'abord n'étant pas fait au grand jour, j'ay été fort ébloüi d'une lumiere si vive, & je vous en voulois un peu de mal ; mais à cette heure que j'y suis accoûtumé, elle me plaît, elle m'enchante, & quoique je regrette le tems que j'ay perdu, je suis beaucoup plus aise de celui que je gagne. Je passois ma vie en exil, & vous m'avez ramené dans ma patrie. Aussi vous ne sauriez croire combien je vous suis obligé. Depuis ce voyage, il ne songea plus aux Mathematiques qui l'avoient toûjours occupé, & ce fut là comme son abjuration.

Mais puisque l'esprit, qui paroît au dessus de tout, se peut aquerir si vîte, & si aisément. d'où vient qu'il faut employer beaucoup de tems & de peine pour atteindre à des choses de peu d'importance, & qui ne dévroient rien coûter au prix de l'esprit ?

Je me suis imaginé, Madame, que vous pourriez vous en étonner, & sans mentir, cela semble bien étrange. Vous souvenez-vous de cét homme, qui aprés vous avoir dit beaucoup de raisons, ne pouvoit assez admirer, qu'il n'y en eut pas une seule en un si grand nombre, qui fut assez heureuse pour vous plaire ; & qui vous disoit si souvent : Et bien, si celle-là n'est bonne, il en faut chercher quelque autre. Je ne sai si je n'en trouverai pas une, non plus que lui, qui soit à vôtre goût : Ne seroit-ce point que tout ce qui donne de l'esprit est agreable, & que ces autres choses qu'on n'apprend qu'avec beaucoup de difficulté sont ennuyeuses. Car outre que ce qui nous plaît nous rends attentifs, & que ce qui nous ennuye nous assoûpit ; il arrive aussi que nous mettons volontiers dans nôtre cœur les choses qui nous satisfont, & qu'en y repensant avec plaisir, nous les apprenons tout aussi-tôt, & sans peine, au lieu que rebuttons celles qui nous rebuttons celles qui nous degoûtent ; & si à force de nous les redire, on les fait entrer dans nôtre pensée, nous tâchons de les en chasser. Il me semble aussi que l'esprit s'est rencontré d'une nature vive & prompte, qui se répand de tous côtez en un moment à peu prés comme un éclair ; car l'esprit est une espece de lumiere, & la lumiere se produit & se refléchit tout d'un coup, ou du moins en fort peu de tems. Et puis il n'y a que l'esprit qui puisse donner de l'esprit, & comme ceux qui l'ont bien fait, savent prendre les bons biais, & les plus courts pour en communiquer, il ne faut pas être surpris s'ils en donnent en vite aux personnes qui ne le negligent pas, ni si les autres qui cherchent des connoissances qui ne sont pas de si haut prix les achetent si cherement ; c'est que la plûpart de ceux qui les montrent, n'en savent pas les meilleurs moyens. Tout dépend de bien voir ce qu'on veut montrer, de s'accommoder au genie de la personne qu'on instruit, & principalement de lui rendre raison des moindres choses. Car il a toûjours une cause naturelle, quoi qu'enveloppée, qui fait qu'une chose est mieux d'une façon que d'une autre ; & quand on la découvre à celui qu'on enseigne, il en sçait autant que le Maître. J'en ai veu des effets surprenans, & je veux vous en dire un, qoi n'est pas de grande valeur, mais qui me semble assez rare.

Il n'y a pas long-temps que je me rencontrai avec un jeune homme, dont l'enfance

par un dſordre de famille avoit été fort negligée ; mais qui chantoit agreablement ſans l'avoir beaucoup appris : & par un inſtinct naturel, il ſe méloit auſſi tant ſoit peu de peindre. Il me fit voir le plan d'une place qui venoit d'être aſſiegée, & parce qu'il parloit en homme qui ſavoit peindre, je lui demandai s'il avoit long-tems appris, & ſous quel maître ? Il me répondit, qu'il s'y étoit pleu dés ſon enfance ; mais qu'il n'avoit jamais eû de maître. Il faut donc, continuai-je, que vous aves leu des Livres de Peinture. Encore moins, me dit-il en rougiſſant, je ne ſçai ni lire, ni écrire & j'en ſuis au deſeſpoir. Et comme je l'aſſeucrire, rois qu'il n'y avoit rien de plus aiſé ; Si je croyois, me dit-il, pouvoir apprendre l'un & l'autre en deux ou trois ans, il n'y a rien pour cela que je ne vouluſſe faire, mais il n'eſt plus temps d'y penſer. Je m'étois apperceu que ce jeune homme étoit né pour avoir de l'eſprit, & pour être honnéte homme ; & voyant d'ailleurs qu'il avoit le ſentiment des tons, & la main faite à deſſigner : Vous le ſçaurez, luy dis-je, auſſi-bien que moi dans deux ou trois mois, à la vîteſſe prés, qui ne ſe peut acquerir que par l'habitude ; & je ne le trompai pas ; car je lui donnai un maître, qui lui fit comprendre en moins d'une heure, ce que c'eſt qu'écrire, & pourquoi cela ſe fait ; Que c'eſt pour marquer les ſons qu'on prononce en parlant. Que la voix ne ſe peut appuyer que ſur cinq lettres, qu'on nomme des voyelles, mais auſſi que la langue prend divers chemins pour y aller, & que ces chemins
ſont

sont marquez par un petit nombre de figures qu'on appelle des consones ; Que ces lettres selon qu'on les employe & qu'on les dispose, font connoître la difference des mots, à peu prés, comme dans la Musique, on marque par des certaines figures les changemens de tons. Que pour apprendre à bien lire, & à bien écrire en peu de jours, il se faut appliquer à l'un & à l'autre en même tems, & que c'est une extrême ignorance aux Maîtres de ne s'en être pas avisez. Ce Maître lui dit encore d'autres choses, que je passe sous silence, parce qu'à dire le vrai, ce n'est pas le plus agreable sujet dont je vous puisse entretenir ; & si comme vous dites, Madame, je ne songeois qu'à vous plaire, ce ne seroit pas en prendre le plus droit chemin. Mais je me suis jetté en celui-là, pour vous faire entendre, que dans les plus petites choses qu'on enseigne, on peut employer de l'adresse & de l'invention, & que cette adresse, ou cette invention, outre quelle épargne du tems & du chagrin, elle forme le sens, elle ouvre l'esprit & le prepare à de plus belles connoissances.

Dans les preceptes qu'on donne il y a, ce me semble, un grand défaut, dont les meilleurs Maîtres ne sont pas exempts ; c'est qu'ils instruisent d'une maniere obscure, comme les Oracles, sans rendre raison de ce qu'ils disent. Cesar le plus grand homme de guerre qu'on ait jamais vû, ne dit que bien rarement ce qui l'obligeoit à camper, ou à ranger son armée, plûtôt d'une feçon que d'une autre. On ne laisse pas de bien apprendre à faire une chose
sous

sous ces excellens ouvriers, qui n'enseignent qu'en donnant de parfaits modeles. Mais outre qu'on n'apprend sous eux à bien faire ce qu'on fait, que comme une bonne machine & bien montée, qui ne sait comment elle se remuë, & qu'on n'apprend à le bien faire que par une longue pratique; il arrive aussi que ce talent se borne en soi-même, & que par tout ailleurs on n'est pas plus habile que si on ne l'avoit point : Au lieu que celui qui comprend la raison de ce qu'on luy montre, s'y rend maître du premier coup. Cette raison est, quelquefois plus belle & plus utile que la chose même; & toutes les bonnes raisons ont tant de rapport entre elles, que celui qui sait observer dans un métier le bien & le mal, & qui voit la cause de l'un & de l'autre, se trouve fort éclairé dans tous les métiers; mais les gens qui ne font bien, que parce qu'on leur a donné cette habitude, ne sont jamais asseurez de bien faire une chose; & ne sont pas plus habiles, comme j'ay dit, pour en faire une d'une autre nature.

Je ne voy rien de si rare, ni qu'on doive tant rechercher, que d'avoir du goût, & de l'avoir fin, sur tout dans les choses qui concernent l'esprit & les agrémens. Quelques personnes l'ont naturellement bon, & beaucoup d'autres l'ont mauvais; mais quoiqu'on l'ait mauvais on se le peut rendre bon, à force de regarder les choses qui sont bien, & d'examiner comme il faut qu'elles soient pour être achevées. Quand on peut tant faire que d'exceller dans une, & qu'on juge bien de son prix,

on

on vient aisément à connoître toutes celles qui sont exquises, quoiqu'elles soient d'une autre nature; parce que toutes les bonnes choses se ressemblent par une conformité de perfection. Si N.... chante où je suis, il me semble, que je vous entens parler, & ce n'est pas tant vôtre voix, quoi qu'elle soit douce & flateuse, qui me repasse alors dans l'imagination, que je ne sai quoi de juste, & d'insinuant, qui charme ceux qui vous écoutent.

On ne sauroit trop s'attacher au bon sens, on y fait toûjours quelque progrés, en considerant chaque chose en elle-méme, & sans prévention. La haute intelligence l'éleve, & la délicatesse du gout le subtilise. Or le bon sens, n'est autre chose que le bon esprit, & méme ce qui s'appelle bien juger, n'est en effet que bien connoître ce qu'on examine. En verité le monde ne sait guere ce que c'est que l'esprit, ni par quelle voye on en peut aquerir. Un faux brillant, qui ne vient que d'une imagination boüillante & confuse, passe aisément pour un esprit agreable, pourveu que la maniere de la Cour y soit bien observée, & la plûpart des plus habiles, lui font élever leurs enfans, sont persuadez qu'il ne faut qu'avoir beaucoup étudié pour avoir bien de l'esprit. Mais je prens garde, que ce qu'on entend par la profonde science, & la grande erudition, produit un grand nombre de sots, & fort peu de gens raisonnables. Quoi donc à quel Saint se faut-il voüer? Ceux qui ont de l'esprit, & qui l'ont bien fait en peuvent donner,

&

& c'est en les pratiquant qu'on devient honnéte homme. Il me semble que pour avoir cét esprit, il faut l'avoir au dessus de l'interet, & d'une étenduë infinie. Peu de gens vont jusques-là, & même Cesar; un des plus grands hommes qu'on ait jamais veu, me paroît en quelque rencontre bien interessé & bien borné: comme quand il parle si avantageusement de quelques François, qui trahissoient leur parti pour servir les Romains, qu'il témoigne assez par là, de n'avoir rien trouvé de plus beau que tout ce qui contribuoit à sa grandeur. Et qu'on ne s'imagine pas qu'il en parloit de la sorte, pour engager les autres François à suivre un exemple si lâche, car de ce tems-là ses beaux écrits ne se lisoient point en France : & puis on sent bien ce qui part du cœur ; c'est-à-dire le vrai, que l'interêt nous rend presque tous injustes, non seulement dans nos actions, mais aussi dans nos jugemens, & de-là vient qu'on fait cas des gens heureux qui peûvent servir, & qu'on ne regarde pas les miserables. Qui sera donc capable de bien juger? Les Dieux qui n'ont besoin de rien, & les hommes qui se passent de tout, & qui connoissent la nature des choses, comme parle un grand Poëte.

Il faut prendre cette sorte d'esprit, ou du moins en approcher le plus qu'on peut ; & je ne trouue rien de meilleur pour s'y perfectionner, que d'essayer toûjours de se connoître à ce qui doit plaire, de le pratiquer le plus qu'on peut, & de n'avoir pour but que de s'achever dans l'honnéteté, ou du moins que ce soit là comme la derniere fin de tout ce qu'on apprend ;

prend; car il me semble que c'est l'honnêteté parfaite & consommée, qui nous peut rendre heureux en cette vie, & dans l'autre.

Du reste ce n'est pas une chose à negliger pour acquerir de l'esprit, que de lire les bons Autheurs, & d'écrire le mieux qu'on peut sur toute sorte de sujets. Outre l'avantage qu'on en tire en ce qui regarde l'esprit, il arrive toûjour que cette occupation quand on s'y prend bien donne une justesse, une pureté de langage, une netteté d'expression, & sur tout une marche asseurée qu'on n'apprend point dans le commerce du monde. Il faut aimer les Autheurs qui pensent beaucoup, qui jugent toûjours bien, & qui disent d'excellentes choses. La bonne maniere de les dire, qui n'est pas si considerable pour former l'esprit, ne laisse pas neanmoins d'être de consequence, parce qu'elle vient princepalement du bon gout, & qu'elle en donne à ceux qui s'y plaisent. Par ces excellentes choses je n'entens pas que tout ce qu'on écrit brille, & soit de haut prix : cela seroit assez difficile, quand on le pourroit on s'en devroit bien empécher, car il faut que tout soit temperé pour être agreable.

Je me souviens qu'autrefois aprés avoir longtems discouru, vous me faisiez souvent lire, & qu'aussi vous lisiez vous-méme, & quand vous remarquiez quelque defaut dans la justesse, ou dans le bon air, j'en cherchois la cause avec vous, Madame, & quelquefois je vous aidois à rajuster de certains endroits comme ils devoient être, au moins selon vôtre gout, que je tiens le plus pur, & le plus parfai fait du monde. Je voyois qu'en tout ce que nous lisions de considerable, vous étiez sensiblement touchée, un peu plus, un peu moins, selon que vous le deviez être; & si par un excez de delicatesse vous veniez à rebuter une bonne chose, cela même vous étoit avantageux, & j'en étois bien aise; car vous aviez toûjours l'adresse, & l'invention d'en remettre en la place de la moins bonne une meilleure, & j'avois le plaisir de la gouter. Que si j'en remarquois de bien pensées qui fussent mal dites, je vous engageois souvent à les bien dire, & vous leur donniez par une expression fine, ou tendre, ou galante, selon les sujets, tout l'agrément qu'elles pouvoient recevoir.

S'il est possible d'aquerir de l'esprit & de se perfectionner par le moyen de la lecture, comme il n'en faut pas douter, c'est asseurément par cette voye en prenant l'art & l'adresse des plus achevez, & même si l'on peut, l'esprit de ceux qui l'ont le mieux fait: Mais il se faut bien garder de prendre leurs inventions, ni leurs pensées, si ce n'est qu'on encherisse par dessus les inventeurs, comme Virgile a pris quelques vers d'Homere, pour les mieux tourner, & le Tasse à mesme dessein en a traduit de l'un & de l'autre. J'aurois bien encore à discourir, Madame, & ce ne seroit pas si tôt fait:

Mais la nuit est bien avancée,
  Je sens le retour du Soleil,
   Et que mes yeux & ma pensée
   S'appesantissent de sommeil,
 Si je venois à peindre un songe, une chimere,
                                  Pour

Pour un corps naturel, pour un tabelau de prix:
Mes amis en seroient surpris:
La plus douce censure est tousjours bien amere,
Et les plus indulgens de tous les beaux esprits
M'avertiroient du moins que l'excellent Ho-
    mere,
Sommeille quelquefois en ses divins écrits,

F · I N.

DISCOURS
De la
CONVERSATION

A Madame de ✶✶✶.

CE me feroit un grand plaisir, Madame, si je pouvois tant soit peu vous desennuier; vous m'assurez que cela m'arrive quelquefois, vous qui n'étes ni trop caressente ni trop flateuse, & vous m'en assurez d'une maniere qui me fait étrangement souhaiter que cela soit bien vrai. Mais plus cette maniere me plait & moins j'ai de confiance: car quand je ne vous connoitrois pas dailleurs, je verrois assez par là, que vous étez la personne du monde la plus delicate & qui sentés le plus vivement tout ce qui n'est pas de bon air. Je n'ai d'esprit ni d'invention qu'antant que la joye m'en donne, & dépuis quelque tems, je suis presque toûjours triste, & je me trouve au milieu de Paris comme dans une profonde solitude.

Il me semble aussi, Madame, que je vous écris souvent sur des sujets que je n'eusse pas choisis; & quand on veut ecrire, il ne faut pas esperer de rien faire qui plaise beaucoup, ou qui puisse donner de l'admiration, à moins que de prendre quelque sujet agreable, &
qu'on

qu'on n'y sache trouver des choses de haut prix.
Il est vrai que vous avez bien voulu que les
sujets dependissent de ma fantaisie ; mais j'ai
cru qu'il seroit mieux pour vous & pour moi,
que vous prissiés la peine d'en ordonner. Car
on est toûjours plus aisé de s'entretenir d'une
chose que d'une autre ; & pour ce qui me regarde, outre que le choix m'eut embarrassé,
tous les sujets me sont presque egaux ; je ne
m'attache à rien en de particulier ; & comme
n'ai que peu de science, je parle & juge de
tout selon mon caprice. Aussi Madame je
ne vous garantis que la sincerité de mes sentimens.

Ceux qui se content de reciter les anciens,
ne rendent pas le monde plus habile. Mais
quand on cherche & qu'on dit quantité de
choses qu'on ne tient de qui que ce soit, il se
peut du moins qu'on en trouve quelqu'une
que le monde ne savoit pas. Car c'est une erreur de s'imaginer qu'on ne peut rien dire qui
n'a itété dit

Un homme de bon sens charmé de la science,
Et qui né sous l'aspet d'une heureuse influence
De la beauté mortelle évitant les appas,
N'aime que la vertu, ne va que sur ses pas,
Et qui dans les secrets que cache la nature
Cherche à mettre en son cœur une beauté qui du-
  re ;
Cet esprit éclairé qui ne se trompe en rien,
Qui sait que le merite est nôtre plus grand bien,
Et qui s'informé peu, si ce fut d'une Epée
Qu'Achile fut blessé, ni si le grand Pompée

Fut batu par sa faute, & Cesar à son tour,
S'il fut las de combattre ou vaincu par l'amour.
Cet esprit qui s'elevé au dessus des étoiles,
Qui des plus sombres nuits sait penetrer les
 voiles
Et qui voit de lui même en ce Vaste Univers
Les profondes raisons de tant d'effets divers,
Un si savant Genie où la lumiere abonde,
N'a-t-il rien de nouveau qu'il puisse dire au
 monde?

Et pour répondre à ce que vous me demandes, Madame & vous dire bien clairement ce que c'est que la meilleure & la plus belle conversation, il me vient dans l'esprit qu'il seroit à souhaiter de savoir comment on s'entretient dans le Ciel, & d'avoir été parmi ces esprits où paroit le bien pur & sans defaut, dont il se pourroit bien que nous n'avons ici qu'une foible & legere idée. Il y a quelque apparence que pour peu qu'on se plut à rire en cette Cour si fine & si brillante, on s'y moqueroit souvent de beaucoup de choses que nous admirons : mais quand cela seroit, nous ne devrions pourtant pas laisser de nous servir de nôtre Esprit ; quoique la perfection soit difficile à joindre, & que lorsqu'on pense la tenir, elle s'échape aisément, tantôt d'une façon tantôt d'une autre, c'est toûjours beaucoup que d'en approcher, & c'est même quelque chose que d'en prendre le chemin.

Je ne vois pas qu'on ait encore exactement recherché s'il est possible de rencontrer cette perfection, & cela merite bien d'être examiné. Pour moi je ne doute point qu'elle ne se puisse trouver quand on la cherche par les bonnes voyes, & qu'on se sent une disposition naturelle aux choses qu'on entreprend. Car on peut découvrir en chaque sujet tout ce qui contribuë à la perfection, & de plus on y peut exceller, & même on peut aller plus loin que la perfection ne demande. Comme pour être de bonne compagnie, on sait assez qu'il faut dire des choses que les personnes qu'on entretient sont bien aises d'écouter, & les dire agreablement. Or pour montrer qu'on en peut trouver la perfection, c'est qu'il arrive en quelque rencontre qu'on va jusques à l'excez, & qu'on fait plus rire, ou qu'on donne plus d'admiration qu'il ne seroit à desirer. Il est certain qu'on peut se rendre au but, & s'y tenir puis qu'on peut aller au de là. J'ai veu des gens qui se fachoient de ce qu'on leur plaisoit trop; & ne dit on pas que Neron parloit quelquefois à la belle Poppea, de lui faire donner la question pour apprendre d'elle par quel enchantement elle lui plaisoit plus qu'il n'eut voulu. Cette galanterie est assez particuliere, & voila sans mentir des sentimens bien bigarrés; mais au moins ils font connoître que lors qu'on cherche à plaire, il est possible d'en acquerir la perfection, puis qu'en tout ce qui la compose, on peut aller plus loin qu'il ne faut, & qu'il ne reste plus pour cela que d'en assembler les parties dans un parfait temperament. Il est vrai qu'on a besoin d'une grande justesse de gout & de sentiment pour découvrir cette juste proportion; mais c'est assez que d'en approcher,

par-

parceque cette distance est insensible, & qu'on en voit les mêmes effets pour le commerce du monde.

Celui qui n'est pas loin de cette perfection & qui fait une chose excellemment se doit bien garder de le dire, quoiqu'on ne s'en apperçoive pas. Il est bien mieux d'y aller secretement ; car cette façon modeste donne plus d'envie d'observer si la chose est rare, & même elle en releue le prix. Mais il ne sied pas de faire un mistere de quoique ce soit & c'est un mistere que d'être modeste à contre tems. Il y a du bien & du mal en toute sorte de genre & de matiere, & dans la plûpart des choses, le secret consiste à bien juger ou l'on s'en doit tenir.

Le plus grand usage de la parole parmi les personnes du monde, c'est la Conversation; de sorte que les gens qui s'en aquitent le mieux sont à mon gré les plus eloquens. J'appelle conversation, tous les entretiens qu'ont toutes sortes de gens, qui se communiquent les uns aux autres, soit qu'on se rencontre par hazard & qu'on n'ait que deux ou trois mots à se dire ; soit qu'on se promene, ou qu'on voyage avec ses amies, ou même avec des personnes qu'on ne connoit pas ; soit qu'on se trouve à table avec des gens de bonne compagnie ; soit qu'on aille voir des personnes qu'on aime, & c'est où l'on se communique le plus agreablement ; soit enfin qu'on se rende en quelque lieu d'assemblée, où l'on ne pense qu'à se divertir, comme en effet c'est le principal but des entretiens. Car quand on s'assemble

ble pour deliberer, ou pour traiter d'affaires, cela s'appelle conseil & conference, où d'ordinaire il ne faut ni rire ni badiner. Pour ce qui regarde ces visites si regulieres qui ne se rendent que par coûtume, ou par devoir, elles me semblent fort incommodes, ce n'est que de la peine & de l'embarras, on s'en devroit desabuser.

La Conversation veut être pure, libre, honnéte & le plus souvent enjoüée, quand l'occasion & la bienseance le peuvent souffrir; & celui qui parle, s'il veut faire en sorte qu'on l'aime, & qu'on le trouve de bonne compagnie, ne doit guere songer du moins autant que cela depend de lui, qu'à rendre heureux ceux qui l'écoutent. C'est que chacun veut être heureux, & que ce sentiment est si naturel, que même les animaux l'ont à leur mode; mais parcequ'on n'y pense pas toûjours, il est bon de le dire & de s'en souvenir; car cette connoissance peut extrêmement servir dans les entretiens, comme en beaucoup d'autres rencontres. Nous n'estimons & ne souhaitons les choses que selon qu'elles peuvent contribuer à nôtre bonheur. D'où vient qu'on cherche les belles femmes? C'est qu'on est bien aise de les voir & d'en être aimé. D'où vient aussi qu'on s'attache volontiers aux honnétes gens? c'est qu'on a du plaisir & de l'honneur à les pratiquer, & qu'on devient honnéte homme en leur compagnie.

Il faut que les mouvemens de l'ame soient moderez dans la conversation; & comme on fait bien d'eloigner le plus qu'on pût tout ce qui

qui la rend triste & sombre, il me semble aussi que le rire excessif y sied mal ; & que dans la plûpart des entretiens on ne doit élever ni abaisser la voix que dans une certaine mediocrité qui depend du sujet & des circonstances. La plaisanterie est fort à la mode ; mais on s'epuise à rire comme à dire des choses plaisantes ; & quoiqu'on ne pense guere à la Cour qu'à se divertir, je prens garde que les plus disposés à la joye, sont quelquefois bien-aises d'ecouter quelqu'un qui parle & qui decide serieusement de tout ce qu'on lui demande, quand il en sait donner des raisons choisies, epurées, de facile intelligence, & qui ne lassent point.

Dailleurs, on peut observer des manieres tendres, & des manieres d'un air élevé qui se pratiquent rarement dans le monde, parceque peu de gens sont capables de s'en servir. Elles valent souvent mieux que la plus agreable plaisanterie; les unes viennent d'un cœur sensible, & les autres de la sublimité de l'esprit; & quand elles ne sont pas bien receuës, c'est qu'on s'en acquitte mal, ou qu'on ne sait pas prendre son tems. Le principal en cela consiste à toucher juste, & à sentir jusqu'où il faut aller. On fait bien de diversifier le plus qu'on peut. Il suis persuadé, Madame, & je crois que vous en jugez ainsi, qu'en toute sorte d'entretiens, plus on a d'esprit quand on le sait ménager, plus on est agreable: & ces Dames que vous savez, qui disent que quelques gens en ont plus qu'elles ne voudroient, & qu'une si grande attention est lassante, il me semble qu'elles ne s'en devroient pas tant plaindre, & qu'elles trouvent bien ailleurs à se reposer.

Il

Il est bien mal-aisé de dire tout ce qu'on veut de bonne grace en quelque langue que ce puisse être, sans la savoir parfaitement. Il faut encore s'instruire des manieres de la Cour, & tout le monde en est capable. Aussi pour être de bonne compagnie, ce n'est pas le plus important, & l'extreme difficulté ne paroit qu'à penser sur chaque sujet ce qu'il y a de meilleur à dire & à trouver dans le langage je ne sai qu'elles nuances qui dependent de se connoître à ce qui sied le mieux en fait d'expression & de le savoir pratiquer. Qu'on ne s'imagine donc pas qu'il faille toûjours observer les mots & les façons de parler pour s'en bien servir, ce n'est pas le nœud de l'affaire. Mais ce qui sied bien se doit étudier long tems. Il faut comme parle un ancien Grec sacrifier à la Déesse des Graces; de sorte que lors qu'on sait le langage & le monde, & qu'on s'est acquis une certaine connoissance de parler, on peut se tenir en repos de ce côté là, & ne plus songer qu'à l'esprit & aux choses. De là vient qu'on plait, qu'on persuade & qu'on donne de l'admiration, tantôt par un discours soûtenu & quelquefois par une conversation égayée : Le dernier est le plus difficile, il y faut plus d'adresse & d'invention.

Ce qui me semble le plus necessaire, mais le plus difficile, c'est premierement comme j'ai dit de bien penser sur le sujet qui se presente, tout ce qu'il y a de plus excellent à dire; & de savoir exprimer chaque chose à part du meilleur son & de l'air le plus agreable, sans avoir egard à ce qui va devant ou qui vient aprés. Beaucoup de gens qui font de volumes ne savent rien de tout cela; comme aussi on peut avoir c'est avantage & ne pas savoir écrire un simple billet. C'est pourtant tout ce qu'on doit le plus chercher, & le plus étudier. Quand on se l'est acquis le reste ne coute plus guere.

On compare souvent l'eloquence à la peinture, & je vois que la plûpart des choses qui se disent dans le monde, sont comme autant de petits portraits, qu'on regarde à part & sans rapport & qui n'ont rien à se demander. On n'a pas le tems de faire de ces grands tableaux, où la principale beauté se montre en cela, que toutes les figures qu'on y remarque se trouvent dans une juste proportion ; c'est un grand avantage pour bien reussir dans l'un, que d'exceller aussi dans l'autre. Car les connoissances qui tendent presque au même but, comme celles que je viens de dire, se donnent la main quand elles sont ensemble & se font toûjours de l'honneur.

Il faut user le plus qu'il se pût d'une expression faite & coulante ; mais on ne l'aime que dans le bon air, & dans la pureté du langage, & même si les façons de parler vont bien à faire entendre les choses. Je trouve de plus qu'il y faut de ce que les Italiens appellent *condimento*, de l'assaisonnement. Car la douceur est sujette à degouter. De sorte qu'on doit bien se garder d'être insipide & sans saveur ; de plusieurs raisons qui font rebuter quelques gens si polis, je n'en sache pas une qui soit plus à craindre.

On

On gate souvent ce qu'on veut trop finir & trop embellir. Le moyen d'éviter cét inconvenient, tant pour bien ecrire que pour bien parler, c'eſt d'avoir encore plus de ſoin de la naireté que de la perfection des choſes.

L'air noble & naturel eſt le principal agrément de l'eloquence, & parmi les perſonnes du monde ce qui tien de l'étude eſt preſque toûjours mal receu. Il faut même retenir ſon eſprit en beaucoup d'occaſions & ſe cacher de ce qu'on ſoit de la plus grande valeur. Nous admirons aiſement les choſes qui ſont au deſſus de nous, & que nous perdons de veuë; mais nous ne les aimons que bien rarement, & c'eſt le point de conſequence. Les animaux ne cherchent que les animaux de leur eſpece & ne ſuivent pas les plus parfaits. C'eſt la conformité qui fait qu'on ſe plait enſemble & qu'on s'aime d'une affection reciproque. De ſorte qu'autant que la bienſeance & la perfection le peuvent ſouffrir, & quelquefois même au prejudice de l'une at de l'autre, on ſe doit accommoder le plus qu'on peut aux perſonnes qu'on veut gaigner. C'étoit le plus beau talent d'Alcibiade & qui le faiſoit tant ſouhaitter parmi toute ſorte de perſonnes; mais cét avis ne regarde que ceux qui n'aprenent plus & qui veulent ſe ſervir de leurs avantages: car pour les autres qui ne ſont pas encore accomplis & qui cherchent la perfection, ils ne doivent pas tant ſonger à ce qui ſera bien receu, qu'à ce qui devroit l'étre ſans s'inquieter des énévemens.

Qui que ce ſoit ne doit craindre de trop bien par-

parler, & je prens garde que ceux qui sont plus éloquens qu'on ne voudroit, ne le sont pas comme il faudroit : ils usent de certaines phrases qui paroissent belles, mais qui ne le sont pas ; ils parlent souvent, lorsqu'ils se devroient taire ; leurs discours n'ont point de rapport au sujet qui se presente, & d'ordinaire on ne veut rien savoir de tout ce qu'ils disent. C'est un secret bien rare que de sentir toûjours ce qui sied le mieux. Je connois de ces personnes qui parlent trop bien, qui ne disent jamais ce qu'il faudroit dire, ni de la bonne maniere.

Il faut observer tout ce qui se passe dans le cœur & dans l'esprit des personnes qu'on entretient, & s'accoutumer de bonne heure à connoitre les sentimens & les pensées par des signes presque imperceptibiles. Cette connoissance qui se trouve obscure & difficile pour ceux qui n'y sont pas faits, s'eclaircit & se rend aisée à la longue.

C'est une science qui s'apprend comme une langue etrangere, où d'abord on ne comprend que peu de chose. Mais quand on l'aime & qu'on s'étudie, on y fait incontinent quelque progrez.

Cét art semble avoir un peu de sorcellerie; car il instruit à étre devin, & c'est par là qu'on decouvre un grand nombre de choses qu'on ne verroit jamais extrement & qui peuvent beaucoup servir. Du reste on se plait bien avec les personnes qui font tout ce qu'on veut.

veut fans qu'on les en avertiffe.

On dit qu'autrefois à Rome, quand les Acteurs avoient joüé une scene ou un Acte ou peut-être la Comedie entiere, il en venoit d'autres qui la rejoüioient fans parler & d'une maniere fort intelligible. Il faloit exceller dans l'action pour s'expliquer de la forte & même il faloit bien de l'esprit & du sentiment pour comprendre ce langage. Mais dans le sujet dont je traite, il est necessaire de surpasser de bien loin ceux qui se trouvoient à ces comedies; car on ne leur representoit que ce qu'ils avoient déja veu, & ce qu'on vouloit bien qu'ils seussent. Mais il faut ici penetrer ce qu'on n'a point dit & bien souvent ce qu'on tient de plus secret.

On doit bien se garder d'être rêveur ni chagrin, il faut penser à tous qui se presente pour s'en acquitter de bonne grace; & quelque esprit qu'on pût avoir à moins que d'aimer le monde il seroit bien difficile de s'y faire souhaitter. On voit des gens d'un merite bien mediocre & d'assez mauvaise compagnie, qui savent bien s'insinuer parmi les personnes qui leur plaisent; tant c'est un grand point que d'être piqué pour reussir à tout ce qu'on entreprend.

Il me semble que c'est un bon moyen pour ne pas déplaire dans une Compagnie de ne l'embarrasser jamais, & de l'égayer plutôt que de le tenir en contrainte. Sur quoi j'ay oüi dire à une personne qui

qui a bien de l'esprit, qu'elle ne craignoit rien tant que ceux qui en avoient tout le long du jour. On ne voit rien de plus agreable que l'esprit, mais il ne se doit montrer que lorsqu'on le demande, car on ne veut pas avoir toûjours devant les yeux ce qu'on trouve de plus à son gré. D'ailleurs ce seroit une chose lassante, que d'exceller en tout ce qu'on seroit, & quoique ce deffaut soit peu commun, & que le monde n'ait guere sujet de s'en plaindre; il est certain qu'à force de se faire admirer on deviendroit insupportable. Il est vrai qu'on se trouve quelquefois parmi des gens si retenus & si modestes, qu'on diroit que c'est comme à l'envi ou par gageure à qui fera paroître le moins d'esprit. On s'entretient de la sorte à la Cour de Rome, pour n'y rien dire, qui tire à consequence & je prens garde que cela n'est pas divertissant.

Il y a deux sortes d'étude, l'une qui ne cherche que l'art & les regles, l'autre qui n'y songe point du tout, & qui n'a pour but que de rencontrer par instint & par reflections ce qui doit plaire en toutes les sujets particuliers. S'il faloit se declarer pour l'une des deux, ce seroit à mon sens pour la derniere, & sur tout lorsqu'on sait par experience ou par sentiment qu'on se connoit à ce que sied le mieux. Mais l'autre n'est pas à negliger, pourveu qu'on se souvienne toûjours que ce qui reussit vaut mieux que les Regles. C'est aussi de-là que les meilleures sont prises.

Ce n'est pas qu'on puisse avoir trop d'art ni trop d'artifice en quoi que ce soit pourveu qu'on qu'on ne s'en ſerve qu'à rendre le monde plus heureux ; mais il ne faut pas que l'un ni l'autre ſe montre. Il y a toûjours je ne ſai quoi qui penſe à l'envie, & même parmi les plus honnêtes gens : & quand on admire une choſe on aime bien mieux qu'elle vienne de la fortune que de la ſcience ou du talent d'un particulier. Car ce qui vient de la fortune eſt comme une faveur du Ciel, & celui qui donne ſelon qu'on l'eſtime ou qu'on le mépriſe, augmente ou diminuë le prix du preſent. Ceſar attribuoit à la faveur des Dieux ce qu'il faiſoit de plus admirable. Cependant Caton lui reprochoit, qu'il ne croyoit ni Dieu ni Déeſſes, c'eſt que Ceſar connoiſſoit les ſentimens du monde.

Un honnête homme ne ſauroit être trop hardi, ni trop enjoüé, pourveu qu'il ſoit encore plus civil & plus retenu & qu'il s'y prenne de bon air. Il me ſemble qu'on peut toûjours decouvrir quelque agrément dans le moindre ſujet qui ſe preſente ; & c'eſt où paroit l'adreſſe & l'invention. Je remarque auſſi qu'il eſt ſouvent mieux de dire des petites choſes pour égayer ou même pour amuſer que de n'en dire que de loin à loin de fort excellentes. Je ne donne ces Conſeils qu'à ceux qui ont beaucoup d'eſprit ; car les autres ne le prennent que trop ſans qu'on les en avertiſſe.

Quand on eſt avec des perſonnes qu'on voit familierement, la maniere libre eſt plus commode, & ſouvent même plus agreable que celle où l'on apporte tant de façon. Si bien qu'on peut dire des mots & des choſes qu'il ne faudroit pourtant pas écrire ; car ce qu'on dit en particulier ne va pas ordinairement plus loin. Mais ce qu'on donne au monde, tombe entre les mains des plus serieux ; & quoiqu'on n'eut rien écrit qui ne fut tres pur & tres honnéte, neanmoins cette Franchise naturelle qui ne biaise ni ne deguise, & qui plait dans un commerce enjoüé, ne manqueroit pas de choquer des gens severes qui ne connoissent le bien ni le mal, qu'autant que la coutume autorise l'un & qu'elle rebute l'autre. D'ailleurs ce qu'on écrit pourroit être veu des Maîtres du monde & des plus grandes Princesses, ainsi ce seroit en quelque sorte perdre le respet que d'étre si libre à leur veuë. Cela me donne à penser, que ces Auteurs qu'on trouve si graves ne l'étoient pas toûjours comme on le croiroit par leurs écrits.

Encore qu'on soit né fort heureusement, il y a peu de choses qu'on puisse bien faire sans les avoir apprises. La voix belle & juste ne suffit pas pour bien chanter, & méme la musique de la sorte qu'elle s'enseigne, ne donne pas les agrémens du chant. Il faut que celui qui depuis si longtems se fait admirer par sa voix douce & flateüse & par sa maniere de chanter, outre qu'il est fort honnéte homme ; car cette qualité contribue aux agrémens de sa voix, il faut que celui là s'en méle, ou du moins quelqu'autre qui l'ait bien imité ; c'est de lui qu'on tient tout ce qu'on aime le plus dans le chant, quoiqu'il ne sache que fort peu de musique. Mais s'il y a quelque chose où le soin de s'instruire sous les
meil-

meilleurs Maîtres soit necessaire, c'est la conversation; & quand on y veut reussir, on doit principalement s'étudier à devenir honnête homme, & pour cela comment faut il faire? Il y a un petit nombre de personnes qui se prennent si bien à toutes les actions de la vie, & qui parlent de si bon air, que pour se rendre honnéte homme & de bonne compagnie, il vaudroit mieux les observer & les entretenir de tems en tems, que de viellir à la Cour. Ce n'est pas qu'on n'y puisse apprendre à bien vivre & à bien parler. Mais pour ne s'y pas tromper, il est bon de se souvenir que cette Cour qu'on prend pour modele, est une affluance de toute sorte de gens; que les uns ne font qu'y passer, que les autres n'en sont que depuis peu, & que la plupart quoiqu'ils y soient nés ne sont pas à imiter. Du reste beaucoup de gens, parce qu'ils sont de la Cour s'imaginent d'être du grand monde, je veus dire du monde universel, mais il y a bien de la difference de l'un à l'autre. Cette Cour quoique la plus belle & peut etre la plus grande de la terre, a pourtant ses défauts & ses bornes. Mais le grand monde qui s'etend par tout est plus accompli; de sorte que pour ce qui regarde ces façons de vivre & de proceder qu'on aime, il faut considerer la Cour & le grand monde separément, & ne pas ignorer que la Cour ou par coutume ou par caprice approuve quelquefois des choses que le grand monde ne souffriroit pas. Qui veut bien juger de celles du grand monde, & méme de celles
de

de la Cour ; il est necessaire de pénetrer ce qu'en pourroient dire les plus honnêtes gens de toutes les Cours, s'ils s'étoient assemblez pour en connoitre la juste valeur. En prenant cét esprit, on regarde d'une grande veuë tout ce qu'on examine ; & quand on remarque des choses qui d'elle-mêmes sont excellentes, peut on mieux faire que de les preferer à celles qui ne sont suivies, que parce que les modes l'ont ainsi voulu ?

D'où vient que tant de choses qu'on admiroit autrefois, sont aujourd'hui rebutées comme les bons mots de la vieille Cour ? C'est assurement que ce qu'on y trouvoit de meilleur, dependoit de la mode & du gout de ce tems-là. Il faut donc démêler ce bon air parmi ceux qui l'ont, & les surpasser s'il est possible ; car à moins que de distinguer le bon air, d'avec celui qui n'en a que l'apparence, on se donneroit souvent de la peine à se rendre ridicule ; & pour ce qui est de surpasser les plus achevez, il me semble que l'imitation n'est jamais noble ni agreable, si l'on ne rencherit sur le modele, au moins s'il est possible d'aller plus loin.

Ceux qui ont plus de grace à parler, s'y plaisent bien souvent moins que les autres ; parce que d'ordinaire les meilleurs ouvriers ne sont pas contens de ce qu'ils font, & que plus on excelle, plus on est modeste : mais je les avertis que lorsqu'on à l'esprit agreable, c'est un grand défaut que d'aimer trop à se taire ; car quand les plus honnêtes gens, & ceux qui le sont le moins demeurent les bras croisés sans
rien

rien dire, la difference des uns aux autres n'est pas si sensible, qu'elle se puisse facilement remarquer. Méme les personnes qui pourroient juger du merite à la mine & au silence n'en veulent pas prendre la peine. La modestie fait bien de l'honneur aux belles choses, mais il faut les voir & les connoître pour les trouver belles. Un procedé trop retenu les obscurcit & les couvre comme d'un voile. J'asseure ici les plus retenus & les moins sujets à se vanter, que lorsqu'on s'informe sincerement d'une chose & qu'on en cherche la verité, celui qui la pût decouvrir ne la doit pas déguiser, quoiqu'elle lui soit avantageuse; Ce seroit une petitesse de cœur, plûtôt qu'une veritable modestie : meme un excellent ouvrier doit dire sans qu'on l'en presse tout ce qu'il sait faire, si le monde en peut profiter, & principalement il en doit avertir les grands Princeps qui peuvent se servir de lui.

Qui que ce soit ne trouve bon qu'on le traite de haut en bas ni qu'on fasse le fin avec lui, ceux qui ont de l'esprit s'en appercoivent toûjours & bien souvent les plus grossiers le sentent. Ce procedé qui ne produit que des mauvais effets, n'est pas d'honnête homme & particulierement si ceux qu'on traite ainsi ne sont ni presomptueux ni injustes : plus on a de merite & de fortune moins on en doit abuser. Il ne faut pourtant bas s'abaisser ni s'ouvrir mal à propos ; ce juste temperament semble bien difficile à garder ; & rien ne témoigne

moigne tant qu'on est habile, & qu'on juge bien de tout, que de faire jamais ni plus ni moins que le sujet ou l'occasion ne demande. Il est pourtant vrai que quand il s'agit de faire du bien, le procedé heroique aime l'excez, & qu'il ne cherche ni regle ni mesure. Un excellent esprit qui se mêloit de poësie, receut agreablement cent pistoles de la main d'un grand Seigneur; mais voyant que ce nombre étoit si exact, il en eut tant de dépit, parce qu'il aimoit ce grand Seigneur, qu'il les jetta dans un puits en sa presence & lui dit brusquement qu'il aprit à ne plus compter ses bienfaits. Cette preuve d'affection fut grande, mais peut être un peu vaine, & trop à fer émoulu; car il me semble que sans rien perdre, il pouvoit l'avertir plus civilement; & je trouve que c'est une chose dure & de mauvaise grace, de donner du chagrin à qui que ce soit, à moins que celui qu'on fache ne se le soit attiré par malice ou par presomption. Car celui qui deplait par imprudence ou par simplicité, n'en doit pas être puni. Il sied bien mieux de lui marquer doucement sa faute pour le rendre plus honnête homme; sur tout il faut avoir pour ses amis l'humeur douce & complaisante; beaucoup de personnes qui n'y prennent pas garde, s'imaginent que la moindre recherche va tout raccommoder, & cela peut quelquefois ranimer l'amour; mais l'amitié qui ne se plait à rien moins qu'aux revers ne revient pas si vite.

Il arrive encore assez frequemment, qu'on veut diver-

divertir une personne qu'on aime aux depens d'une autre qu'on neglige, & que pour faire sa cour à l'une on dit des mots piquans à l'autre & tout cela pour le plaisir d'un moment. Il s'en faut empecher le plus qu'il se peut & se souvenir qu'une chose qui passe si promptement est peu considerable, en comparaison de celles qui demeurent dans le cœur, comme les mepris & les outrages qu'on ne sauroit oublier. C'est beaucoup que de ne s'en pas ressentir; & quoique la devotion s'y méle, il reste toûjours une certaine pente à la haine, qui fait mal expliquer tout ce qui vient des gens, dont on croit avoir sujet de se plaindre. Outre que dire le vrai, on ne sauroit plaire de bon air, quand on choque des personnes qui ne l'ont pas merité; parcequ'une action injuste & cruelle, n'a rien d'honnéte ni de galant.

C'est pour l'ordinaire une mauvaise habitude, & qui fait qu'on se trompe souvent, que d'étre si prompt à juger, & principalement à desaprouver. Comme on ne condamne pas le plus coupable sans le recevoir en sa defense, il ne faut pas étourdiment rejetter de certaines choses qui seroient bien receuës, si elles pouvoient representer le bon droit. Je sai des gens qui ne regardent jamais quoique ce soit, qu'avec intention d'en remarquer les défauts, & c'est le moyen le plus propre à s'attirer la haine & l'envie. Mais j'en voi aussi, qui n'examinent ce qui se presente, que pour y découvrir quelque chose d'agreable; & ce n'est pas qu'ils n'ayent le goût meilleur & plus delicat que ces autres: mais ils excusent tout; & je prens garde
qu'on

qu'on les aime aifément, & qu'on fe trouve bien de leur amitié.

Celui qui veut être de bonne compagnie doit faire en forte que plus on connoit fon cœur & fa façon de proceder, plus on le fouhaite, & qu'il eſt beau d'être humain & de n'avoir rien d'injuſte; que la fincerité donne fon air & que la fauſſeté me paroit defagreable. On doit fuivre ce fentiment quoiqu'il arrive; car il fied toûjours mal de s'en éloigner. Quelques uns ont cela de leur propre fonds, & c'eſt un grand avantage; mais quand on ne l'a pas, il faut eſſayer de l'aquerir, & fe former le plus qu'on peut fur l'idée de la perfection.

Comme on ne trouve que peu d'efprits de la forte qu'on les cherche, on ne doit pas attendre de beaucoup de gens des chofes fort exquifes. Celles qui n'ont rien de remarquable, ne laiſſent pas de plaire quand elles font du monde, & qu'elles fe difent fans affectation & dans une grande fimplicité. Il ne faut pourtant pas qu'elles foient fi communes que celles-ci que tout le monde fait par cœur; la part que je prens à vôtre deplaifir; j'ai vû parier en ouvrant une lettre de confolation, que cela s'y trouveroit; & une Dame fort trifte qui l'avoit receuë, ne pût s'empécher d'en rire : mais principalement il faut éviter tout ce qui fait femblant d'avoir de l'efprit; comme c'eſt une mauvaife copie d'un mauvais original, ou bien elles font trois fœurs toutes plus laides l'une que l'autre.

La Cour fe plairoit affez à dire de bons mots & des chofes bien prifes; Cependant parceque

que cela n'eſt pas aiſé, la plupart ont recours à je ne ſai quels proverbes qu'ils apprenens curieuſement pour les appliquer à tout propos, comme cela ſe rencontre, Voiture les aimoit; Benſerade en a egayé ſes vers; & quelques Dames qu'on regarde comme des enchantéreſſes ne perdent pas la moindre occaſion d'y faire paroitre l'adreſſe de leur eſprit. Bailleurs c'eſt la mode, & vous ſavez qu'elle donne ſouvent Cours à de plus mauvaiſes choſes. Il ne faut donc pas rejetter les perſonnes qui s'en ſervent ; je voi méme qu'à lors qu'on veut plaire à des gens qui parlent ce langage, on fait bien d'en uſer, & qu'on y peut temoigner de l'eſprit & de l'invention. Mais il eſt toûjours bon d'en connoitre le peu de valeur, & de ne s'y pas tromper ; Car il eſt certain que c'eſt une eſpece d'equivoque, puiſque ce qu'on y trouve de meilleur ne ſe peut mettre dans une autre langue, & c'eſt une marque infaillible que la choſe n'eſt pas de grand prix. Imaginons nous qu'une Princeſſe ne ſe contente pas de la beauté de ſon tient, & qu'elle ſe plait à le deguiſer ; ſi elle faiſoit maltraiter quelque étourdi qui en auroit voulu, Madame de M. ſe ſauroit bon gré d'avoir dit, qu'il ne ſe faut pas moquer de la barbouille; Mais ſi c'étoit une grande d'Eſpagne qui pour la méme raiſon, ſe fut cruellement vengée d'un railleur indiſcret, comment le diroit on en Eſpagnol ? ce ſeroit une merveille que cela ſe peut ajuſter en pluſieurs langues.

Il y a des equivoques qui ſont encore plus fâcheuſes, comme tous les bons mots de la viel-

vielle Cour; c'est une pauvre invention qui ne fait plus rire que des ridicules, & qui sied mal aux honnêtes gens; si ce n'est peut étre à ceux qui badinent & qui sont les premiers de s'en moquer ; comme quelques gens que vous savez. Pour ce qui concerne celles du langage, & qu'on ne trouve que trop sans les chercher: il y en a de deux sortes; l'une qui en doute du sens, ou qui méme donne à penser le contraire de ce qu'on veut dire, c'est un grand deffaut dans l'expression. L'autre espece d'équivoque se rencontre, lorsque le sens est bien net & que neanmoins on pût tourner un mot, & le rapporter à quelque chose contre l'intention de celui qui parle : D'en faire beaucoup, cela pourroit extremement nuire à la beauté du langage ; mais il est impossible de l'éviter toujours sans tomber dans un autre plus grand défaut : car il faudroit user de repetitions, & transposer les mots & les phrases; ce langage ne seroit ni libre, ni naturel.

On voit des expressions à la mode; qui réjouissent quelquefois, & qu'on aimeroit toûjours si la Cour n'en abusoit pas ; en voici une pour m'expliquer. On n'attendoit rien moins que cela d'un exemple de severité; car on dit qu'elle en étouse ; il ne s'en faut servir que fort rarement & pour s'égayer, quand elle sont si frequentes, les personnes qui jugent bien les rebutent rigoureusement. Et c'est l'aversion de Madame la Marquise de S. Je trouve aussi de façons de parler trop figurées que je voudrois éviter, quoique les personnes

sonnes du monde en usent. Une Dame qui s'expliquoit agreablement un jour qu'elle me parloit de quelques démélés de la Cour ; nous étions me dit elle dans une méme barque, pour dire dans un méme parti ; & comme cette personne étoit fort épurée & delicate jusqu'à l'excez, & que d'ailleurs nous avions souvent discouru du langage, elle jugea que je trouvois ce terme étudiée, & méme elle cherchoit à s'en excuser ; de sort que pour l'ôter de cét embarras, je lui dis qu'il me sembloit qu'entre nous autres politiques, nous ne parlions guere autrement & cela lui plût & la fit rire.

Il se faut passer des mots & des façons de parler que la Cour rejette ; mais ce n'est pas toûjours les condamner que de ne s'en point servir ; cela vient assez souvent de ce qu'on les ignore, ou qu'on n'a pas l'adresse de les employer, ou que méme il ne vient pas dans l'esprit de ces choses fines, qu'on ne sauroit bien exprimer, sans avoir recours à toutes les delicatesses du langage ; & je prens garde, qu'il y a des expressions si agreables qu'elles plaisent d'abord sans qu'on y soit accoutumé ; que s'il arrive qu'on soit contraint pour se faire entendre d'user de certains termes peu connus, ou qui sentent trop le métier ; il faut faire en sorte que ce qui les precede & ce qui les suit les éclaircisse & leur donne quelque grace ; cela reüssit bien mieux que cet expedient si commun, s'il faut user de ce mot, ou pour ainsi dire : parce premierement que celui qui parle témoigne qu'il se défie de son langage, l'autre qui l'écoute aimera bien à ne le pas contrarier. Quand on

D est

est le premier à des aprouver quelque chose de soi même on trouve assez de complaisance ; & c'est pour l'ordinaire en matiere de langage, avertir les gens de douter d'un mot qu'ils eussent trouvé fort bon. Dailleurs quoique la meilleure expression soit la plus agreable, il ne sied pouratnt pas de donner à connoître qu'on y pense beaucoup, & ce seroit le moyen d'en dégouter les personnes qui l'aiment le plus.

Cesar en quelque endroit se moque de l'empressement de Caton, & puis je voi qu'un ancien Grec tres savant ne veut pas que son heros s'empresse ; parce, dit il, qu'il est toûjours fier & haut à la main, & qu'il ne doit rien juger digne de lui faire doubler le pas. Il sied donc bien de ne se mettre en peine que de fort peu de chose, du moins en apparence, & comme dit un autre grand juge il ne se faut hâter que lentement. Sur tout dans les entretiens, quelque dessein qu'on ait de divertir, il est toujours bon de s'en cacher le plus qu'on peut ; car on ne sauroit être de trop bonne Compagnie, pourveu que le monde s'imagine qu'on est ainsi naturellement. Mais de montrer qu'on se tue pour se rendre agreable, ce qu'on diroit de meilleur donneroit plus de peine que de plaisir.

Il me semble aussi que quand de certaines personnes qu'on ne rencontre que trop, s'entretiennent gravement d'une bagatele, c'est être bien simple que de se rendre complice de leur impertinente gravité. Que s'il arrive qu'on ne s'en puisse sauver, on fait bien de la tourner en raillerie : comme aussi lorsqu'une

chose

chose qui se presente est considerable, il faut la traiter serieusement ; ou n'en rien dire du tout. Quelques Courtisans voudroient tout mettre sur le ton de la plaisanterie, & ce n'est pas le moyen de plaire ; on se doit éloigner le plus qu'on peut de ce qui tient de l'etude, pourveu que cela n'ôte rien d'utile ni de l'agreable. Je disois à quelqu'un fort savant qu'il parloit en Auteur ; & quoi, me repondit cet homme ne le suis je pas ? Vous ne l'etez que trop, repris je en riant, & vous feries beaucoup mieux de parler en galant homme ; car quelque savant qu'on puisse être, il ne faut rien dire qui ne soit entendu de ceux qui ont de l'esprit & qui savent le monde.

De la sorte que la plûpart des gens regardent la science ; c'est étre savant que d'avoir beaucoup de lecture ; & je voi qu'on n'a besoin que de peu de genie pour rapporter ce qu'on a lû, & ce n'est le plus souvent rien qui plaise, ni qui puisse servir. Mais de dire de bonnes choses sur tout ce qui se presente & de les dire agreablement, tous ceux qui les ecoutent s'en trouvent mieux ; l'esprit ne peut aller plus loin & c'est le chef d'œuvre de l'intelligence. Dailleurs la plûpart des personnes de la Cour tant les hommes que les femmes, qui ne connoissent que ce qu'on peut apprendre en ce commerce, sont plus difficiles pour le langage & pour beaucoup de choses, qu'ils ne seroient s'il avoient un peu de science & beaucoup d'esprit ; de sorte qu'il ne leur faut rien dire qui sente l'étude ni qui paroisse recherché ; sur tout comme ils sont volontiers contens de leur prix, on se doit bien garder de les instruire en quoi-que ce soit, ni de les avertir quelques fautes qu'on leur vit faire, à moins qu'en rencontrer quelqu'un ou quelqu'une qui le mente, & qui le sache bien prendre; cela se remarque aisement à la mine & au procedé.

Il faut essayer d'avoir le sentiment fin pour decouvrir ce qui se passe & s'accommoder à l'occasion, avec cet avantage qui ne semble presque rien pour peu de bonnes qualités qu'on ait d'ailleurs, on est bien receu par tout; & quand on ne l'a point, on court toujours fortune d'être à charge : même les bonnes choses qu'on dit n'empechent pas qu'on ne soit quelquefois incommode & même impertinent. C'est qu'on les dit mal à propos, comme des plaisanteries qu'on fait à des gens qui ont le cœur malade, & qui sont accablés, ou quelque chose de bien sententieux qu'on prononce parmi des personnes qui ne veulent que se rejouïr.

Ce ton sententieux me remet dans l'esprit, qu'encore que la joye soit fort temperée, il ne faut pourtant dire que bien peu de sentences; le peuple & les gens du commun en sont charmez; mais les honnétes gens ne les peuvent souffrir : même les maximes qu'on aime dans les écrits, ne font pas de si bons effets dans les entretiens. Elles me semblent plus propres pour les reponses des Oracles que pour se communiquer humainement, & je ne m'en voudrois guere servir dans la conversation, si ce n'est à badiner; car cette alleure grave & serieuse, peut donner de l'air
à la

à la plaisanterie.

Il y a fort peu de gens qui ne prenent quelquefois à gauche les paroles qu'on leur adresse; il est bon d'en être averti pour n'y pas faire de ces fautes, car on se rebute aisement de ceux qui les font. Quelqu'un dit une chose pour se divertir & le donne assez à connoitre; celui là se rend ridicule qui la reçoit gravement & lorsqu'on lui en dit une bien serieuse, & qu'il croit qu'on se moque de lui, il merite bien qu'on s'en moque.

Il ne faut pas trop se mettre en peine de l'abondance, quand on n'a dessein que de plaire, le prix & la rareté sont bien plus considerables, l'abondance lasse à moins qu'elle ne soit entremement diversifiée. Il peut même arriver par le trop grand nombre de belles choses, qu'on n'aimera pas tant, & que même on estimera moins ceux qui les font ou qui les disent, car l'abondance attire l'envie qui ruine toûjours l'amitié. Cette abondance fait aussi qu'on n'admire plus ce qu'on trouvoit d'abord de si surprenant parcequ'on s'y accoûtume, & que d'ailleurs cela ne paroit plus si difficile.

En tous les exercices comme la danse, faite des armes, voltiger ou monter à cheval, on connoit les excellens Maîtres du métier à je ne sai quoi de libre & d'aisé qui plait toûjours, mais qu'on ne peut guere acquerir sans une grande pratique; Ce n'est pas encore assez de s'y être longtems exercé, à moins que d'en avoir pris les meilleures voyes. Les agrémens aiment la justesse en tout ce que je viens de dire; mais d'une façon si naïve, qu'elle donne à penser que

D 5 c'est

c'est un présent de la nature. Cela se trouve encore vrai dans les exercices de l'esprit comme dans la conversation, où il faut avoir cette liberté pour s'y rendre agreables. Rien ne fait tant remarquer l'ignorence & le peu de progrés, qu'ue nmaniere contrainte, où l'on sent beaucoup de travail.

Comme j'aime assez les deserts, je ne hai pas les gens solitaires ; & je prens garde que s'il arrive qu'on leur revienne, ce sont presque toûjours ceux qu'on trouve de plus agreable commerce; si la foule ennuye, on s'en peut retirer, & méme s'en retirer pour longtems, lorsqu'on se plait dans la retraite : mais quand on va dans le monde, il faut être ouvert & pret à se communiquer ; car soit qu'on parle, on doit principalement chercher à s'y prendre en honnéte homme ; & je ne voi rien de plus malhonnéte en compagnie que d'être recueilli & comme enfoncé en soi méme, & de ne dire qu'à regret & negligeamment, cela se peut, vous avez raison, ou j'en suis bien aise.

On voit aussi des gens qui sont si hagards, que tout ce qu'on leur dit les surprend, ou leur est suspect, & je prens gardes qu'on ne les trouve pas à dire en leur absence. On en voit d'autres qui s'empressent beaucoup, qui voudroient que tout fut pour eux, qui ne parlent jamais qu'à l'oreille, qui changent souvent de place & qui vont de tous les côtés pour dire quelque choses de bien misterieux, & le plus souvent ce n'est rien. On en voit d'autre, qui parlent tout haut ; mais par enigme, pour n'être entendus que d'une personne ou
de

de deux, qui n'ont besoin que d'un mot, parce que la chose leur est connuë, & tout le reste qui n'en est pas informé, n'y peut rien comprendre. Ces gens là font souhaiter les bois & la solitude.

Pour ce qui est des Maisons Royales, les entretiens en sont fort interrompus ; on y va moins pour discourir, que pour se montrer. C'est là qu'on fait des reverences de bonne grace ; & c'est encore là, qu'on songe plus à paroître bien mis & bien ajusté, qu'à être honnéte homme. Aussi la plûpart qui ne s'y rendent que pour leur interet particulier, me semblent plutôt de facheux negociateurs, que des gens de bonne compagnie. On rencontre pourtant de ces personnes du monde, qui se communiquent d'une maniere agreable, & qui méme écrivent de bonnes choses ; mais d'ordinaire, il faut regarder separement ces choses là pour les trouver bonnes, parceque'on n'y voit ni suitte, ni ordre, ni proportion. Cela sied toûjours mal ; cependant on doit prendre garde en évitant ce défaut, de ne pas tomber dans le stile d'Auteur. Car on ne sauroit trop se souvenir que c'est une belle chose que d'être eloquent, & ne pas sentir les instructions des Maîtres ; parceque l'avantage de bien parler, semble être un don naturel, qui s'acheve par le commerce des gens agreables, si bien que celui qui s'en acquitte mieux que les autres, doit faire en sorte s'il est possible, que cela paroisse venir purement de la beauté du genie, & d'avoir veu le monde en honnéte homme.

Ceux qui parlent beaucoup & qui ne font

que reciter, ne sont pas d'un aimable entretien; & principalement lorsque la vanité s'y mêle. Que je connois de gens à la Cour qui s'en devroient corriger : mais c'est l'endroit du monde, ou l'on se corrige le moins. Qui les a bien vûs une fois, les a veus pour toute sa vie. Cela vient si je ne me trompe, de ce qu'on ne se perfectionne que bien peu, à moins que d'étre aidé par un ami intelligent & sincere, ou du moins qu'on ne s'observe soi méme, & bien sévérement. Mais on ne s'avertit pas volontier parmi ce monde, si ce n'est peut étre pour prendre avantage sur ceux qu'on avertit. Ces gens là ne s'examinent pas non plus; parce qu'on est toûjours si occupé des choses qui paroissent dans une Cour éclatante & pompeuse, n'y fait point de reflections.

C'est un grand avantage que de prévoir de loin tout ce qui peut arriver, & de se tenir pret à prendre parti. Les plus habiles sont sujets à faire des fautes dans les choses qui les surprennent. Je voi méme que dans la conversation, quand on ne s'attend pas à de certains discours mal ordonnez; on ne sait bien souvent que répondre.

Il me semble que lors qu'on rapporte une action bonne ou mauvaise, on ne doit ni la loüer ni la blâmer; parce qu'elle fait assez sentir ce qu'elle est, & qu'il sied mieux d'en laisser le jugement libre. Et puis comme la plûpart des loüanges tiennent de la flaterie, le monde ne s'y plait que bien rarement; & la medisance donne à penser qu'on est envieux ou malin. On peut assez faire valoir la personne qu'on aime sans parler beaucoup de leur
mé-

merite; & pour les autres qu'on n'estime pas, on à bonne grace de n'en rien dire.

Je trouve aussi que toute sorte de gens & même les plus modestes, sont bien aise qu'on les traite obligeament. Il y en a peu neanmoins qui veüillent souffrir qu'on les loüe en leur presence; à cause que pour l'ordinaire on s'y prend mal & que cela les met en jeu & les embarrasse. Mais les loüanges qui sont de l'honneur à celui qui les donne comme à celui qui les reçoit, plaisent bien quand on les apprend de quelqu'un qui les rappporte, qu'on ne les soupçonne ni de dessein, ni de flaterie, & particulierement si elles sont de bon lieu. Car comme l'affection n'est bien reçeuë, que lorsqu'elle vient d'une personne aimable, il ne faut pas non plus être sans merite, si l'on veut faire estimer les loüanges qu'on donne.

Il y a peu de belles femmes, peu d'honnêtes gens & peu de grands Princes, qui ne soient bien aises que leurs noms brillent dans le monde, & rien n'y peut tant contribuer que de plaire à ceux qu'on écoute agreablement. Alexandre que la fortune suivoit partout & qu'on regardoit comme un Dieu, ne laissoit pas de porter envie au bonheur d'Achille, de ce qu'Homere l'avoit pris en affection; & cette belle Reine d'Egypte qui charmoit tous ceux qui l'approchoient, soupiroit neanmoins quand elle consideroit la gloire d'Helene, & les loüanges que ce grand Poëte lui avoit données. Il me semble aussi que la médisance est bien à craindre, quand elle s'explique par de bons mots; parcequ'on se plait plaît à les redire & qu'on rélève toûjours quelque chose de bien pensé ; de sorte qu'il ne fait pas bon choquer des personnes qui s'en savent ressentir de bonne grace.

Pour éviter l'apparence d'un flateur ordinaire & pour donner quelque agrément aux loüanges, qui presque toûjours ont je ne sai quoi qui dégoute, on fait bien d'y chercher de l'adresse & de l'esprit & de les rendre plus piquantes que douces. Il ne faut pourtant pas que l'aissaisonnement ait rien de fâcheux, au contraire il faut inventer de secondes loüanges plus avantageux & que les premieres, mais sous quelque apparence de dépit, & cela se fait en déguisant & reprochant des choses que les personnes qu'on veut obliger sont bien aises d'avoir. Quelqu'un qui se plaignoit d'une Dame ingrate, & qui neanmoins la vouloit flater. Je ne m'en étonne pas, lui dit il, car on sait que les Heros son ingrats & les Heroïnes peu reconnoissantes.

Les façons de parler qui adoucissent les sujets fâcheux ne sont pas seulement bonnes pour faire entendre ce qu'on ne veut pas déclarer ouvertement ; mais aussi cette adresse plaît à tous ceux qui ont le sentiment delicat, pourveu qu'elle soit officieuse & qu'elle ne tende qu'à faire du bien. Il est vrai que lorsqu'on parle d'un ton si doux & si tranquille, il se fait un grand calme qui ne manque pas d'assoupir, mais une voix forte & perçante étourdit & fait trop de vacarme. Ainsi le temperament le plus juste est toûjours à rechercher, & je pense qu'on ne le sauroit assez diversifier selon les ren-

rencontres, car il depend fort du sujet & de l'occasion. D'ailleurs la verité bien entenduë réjoüit & délasse.

Le procedé grossier n'a rien de noble, il faut essayer de se prendre élegamment aux choses qu'on dit, comme à celles qu'on fait. Mais les manieres si douces dans la conversation & méme avec les Dames me semblent de mauvais gout, à moins que l'esprit ne les tempere & que ce ne soit plutôt je ne sai quoi de fin que de doucereux. J'ai connu des gens d'une mine bien rude, qui rugissoient comme des lions, & qui rendoient en parlant un certain son à donner l'épouvente à peu prés comme la trompe d'Astolfe. On n'en étoit pourtant ni choqué ni allarmé, & je voyois qu'on les aimois aisément & qu'ils n'étoient pas mal avec les femmes, quoique la douceur leur plaise ordinairement. C'est qu'ils valoient beaucoup & que sous une apparence fiere ils avoient le cœur juste & les mœurs douces. Mais on hait cruellement la douceur étudiée d'une méchante femme, & d'un faux honnéte homme. Il me semble que la douceur ne se doit pas affecter, & qu'elle fait aussi-tôt du mal que du bien ; si ce n'est pour la musique, ou pour un beau jour, ou méme pour une belle nuit ; Car la douceur me semble principalement ce qui les rend agreables.

Ce qu'on doit le plus rechercher pour reüssir en tant de choses que je viens de dire, c'est la justesse de l'esprit & du sentiment ; c'est un grand gout de la bienseance avec un discernement vif & subtil à decouvrir ce qui se passe dans le cœur & dans l'esprit des personnes qu'on entretient, ce qui leur plait ou qui les choque, ou qui leur est dans l'indifference. De sorte qu'on ne peut trop s'achever dans la justesse de l'esprit, non plus que dans celle du sentiment ; & qu'on ne peut aussi faire assez de progrés dans le bon gout ni dans le discernement qui pénétre ce que les sens n'apperçoivent pas.

Pour éclaircir tout cela, c'est par la justesse de l'esprit qu'on suit comme à veuë le sujet qui se présente, & que lorsqu'une personne qui parle merite qu'on l'écoute, on va droit à sa pensée, & qu'on ne s'en écarte point. Ce n'est pas assez que de s'attacher au sujet dont il s'agit, il se faut bien garder d'y prendre une Circonstance pour le nœud de l'affaire : par exemple comme on s'entretient de tout on peut demander s'il est plus avantageux aux belles femmes d'être blondes que brunes.

Si l'on cite Madame de *** & Madame *** il ne faut parler que de ces differentes beautés, & de ce qui leur convient ou qui les regarde ; & si quelqu'un met en jeu la constance ou la legereté de ces Dames, c'est manque de justesse, & ce qu'on appelle extravaguer. Car les qualités de l'ame ne viennent ni du teint ni des cheveux. Mais qui diroit qu'une blonde est plus brillante & qu'une brune a quelque chose de plus piquant, ne s'éloigneroit pas de la question. Il est vrai qu'on fait bien de detourner ce qu'on ne veut pas qui soit aprofondi. Même si quelqu'un commence à parler d'une chose qui déplaise ou qui ne soit pas avantageuse aux personnes qu'on aime, c'est une
mar-

marque d'esprit & d'honneteté que de donner le change avec tant d'adresse s'il est possible que personne n'y prenne garde.

La justesse du sentiment fait trouver entre le peu & le trop un certain milieu, qui ne pas de moindre consequence pour plaire que tout ce qu'on peut dire de meilleur. Car en toutes les choses qui regardent la conversation & méme en toutes celles qu'on en reprend, il y a un but où l'on fait bien de se rendre & de n'aller pas plus loin. Quand on demeure en Chemin & qu'on peut encore marcher, c'est une faute de justesse, & si l'on passe le but, c'en est une aussi. Mais on a bien de la peine à rencontrer toûjours cet endroit où il faut se tenir, parce qu'il est bien souvent couvert de tant d'égards, qu'on ne le sauroit voir nettement. Il faut balancer plusieurs interets, cette consideration nous pousse, celle-ci nous retient, & nous trouvons que ce qui sert d'un côté nuit d'un autre : cela semble assez difficile, cependant il ne faut pas laisser d'en approcher le plus qu'on peut.

Quand à la delicatesse du gout, elle est absolument necessaire pour connoître la juste valeur des choses, pour en choisir ce qu'on y peut voir de plus excellent, pour les exprimer de la maniere qui leur vient le mieux & pour les mettre dans leur jour, & comme il faut qu'elles soient. De sorte qu'autant qu'on la peut il faut se rendre le gout si fin & si vif, qu'on puisse d'abord assurer si ce qu'on entend dire, ou qu'on veut dire soi-méme est bon ou mauvais, & ce qu'on en doit attendre. Mais pour ne s'y pas tromper, il faut essager de se faire du bon gout comme une science ou comme une habitude. Car il est bien malaisé de juger sincerement de tout ce qui vient dans l'esprit, & principalement lors qu'on parle de genie & d'invention. Car pour l'ordinaire on s'anime beaucoup, & l'imagination s'échaufe tant, qu'il faut avoir le gout bien confirmé, pour ne rien dire qui surprenne & qui ne soit bien receu. Il est vrai que si celui qui parle transporte en s'animant ceux qui l'écoutent, personne n'examine plus rien severement & que cet excez de pensées qui seroit rebuté d'un esprit tranquile est admiré d'une ame en desordre. C'est ainsi que le plus souvent on se distingue & qu'on se fait aimer par les agremens de l'entretien.

Il seroit fort à propos de dire bien clairement ce que c'est que ce bon gout mais on le sent mieux qu'on ne le peut exprimer. C'est une expression figurée qu'on a prise de gouter ce qu'on boit & ce qu'on mange. On voit beaucoup plus de gens de bon esprit que de bon gout, & j'en connois qui savent tout, & qu'on ne sauroit pourtant mettre dans le sentiment de ce qui sied bien. J'en connois aussi dont le raisonnement ne s'étend pas loin, & qui ne laissent pas de penétrer subtilement tout ce qui regarde la bien seance. Cela paroît fort étrange & par où trouver la cause d'une si grande disproportion ? Je croirois aisément que c'est un sens interieur peu connu; mais les effets en sont bien sensibles. Cét avantage vient aussi de s'être exercé de bonne heure à juger des
cho-

choses du bon air, & de s'y être formé le gout sur celui des personnes qui l'ont excellent. C'est encore un moyen de se le rendre exquis, que d'être exat & severe à juger de ce qui sied le mieux.

La plûpart sont persuadez, qu'il ne faut pas disputer du gout, & j'approuve assez qu'on ne dispute de rien ; mais si l'on entend par là qu'il n'y a point de raison pour montrer qu'on a le gout bon ou qu'on l'a mauvais & que cela ne depend que de la fantaisie c'est une erreur. Car le bon gout se fonde toûjours sur des raisons tres solides mais le plus souvent sans raisonner. Il consiste à sentir à quel point de bonté sont les choses qui doivent plaire & à preferer les excellentes aux mediocres. Mais d'où vient que c'est avoir le gout bon que d'aimer les bonnes choses ? C'est qu'une bonne chose contribuë à nôtre bonheur & que plus elle excelle, plus elle y contribuë. Il ne faut pas chercher plus avant ; car ce seroit demander pourquoi nous voulons être heureux. Mais dira quelqu'un ce que vous appellez une maudite équivoque me réjoüit ; & ce bon mot qu'on admire ne m'est de rien, je ne l'entends pas. Je reponds à cela que le bon esprit est fort necessaire au bon gout, comme aussi le bon gout n'est pas inutile au bon esprit, & que c'est une grande misere, de ne prendre plaisir à tout ce qui se presente que parce qu'on est un sot. Ce sont de fausses joyes qui passent bien vite, & qui nuisent toûjours.

Enfin ce discernement subtil dont j'ai parlé, vient d'un esprit de grande étenduë qui penetre en tout, & qui comprend de qu'elle nature font les choses qui se presentent. C'est par ce discernement qu'on est propre à tout ce qu'on veut, & qu'on excelle à tout ce qu'on entreprend, pour peu qu'on s'y veüille appliquer & jusques là même qu'on peut se rendre honnéte homme sans voir la Cour ni le monde. Car encore qu'on ne sache ni la mode ni les façons de proceder, ce discernement fait sentir la principale bienseance en toute rencontre. J'entends cette bienseance que le bon sens qui n'est pas prevenu fait bien gouter. Que si l'on commet des fautes contre la coutume, elles sont bien reparées, puisque l'on se prend aux choses comme il faudroit qu'elles fussent, pour étre dans une grande perfection. Je remarque aussi qu'avec ce discernement, on sait tout ce qui se passe en quelque lieu qu'on se trouve & qu'on en peut tirer de grands avantages pour tout ce qui regarde la vie. On voit bien sans étre fort éclairé que pour faire quelque chose dans le monde il n'y a rien de meilleur que de se bien mettre auprez de ceux qui le gouvernent; comme pour gaigner une personne qu'on aime, que tout depend de lui plaire & de s'insinuer dans son coeur. Mais les moyens de reüssir en tout cela ne s'apperçoivent pas si aisément, & puis quand on les connoitroit, ils changent d'heure en heure, & ceux qui serviroient aujourd'hui nuiroient demain. Ce discernement les decouvre, & les fait emploÿer selon les rencontres. Plus on a de cet esprit, plus on est habile dans le monde & plus on excelle en toute sorte d'entretiens.

Aprés tout, il faut avoir de la confiance dans les choses qui se presentent, pour les bien faire &
de

de bonne grace. Car on s'anime quand on espere de vaincre ou de parvenir à son but. Il est pourtant bon de si imaginer qu'on a besoin de tout & de ne rien mettre en reserve. Pour excellent que fait un ouvrier qui se neglige, il ne fait que rarement des chefs-d'oeuvres. Il ne faut pas que la confiance ni l'empressement paroissent beaucoup; parce que la confiance attire l'envie, & que l'empressement donne à penser qu'on ne sauroit aller plus loin.

Sur quoi je prens garde, que la plûpart de ceux qui sont braves dans le peril, sont timides dans le monde ; & que ceux qui sont hardis dans le monde, sont craintifs dans le danger. Cela se rencontre ainsi pour l'ordinaire, parceque l'honneur est une des principales causes de la haute vaillance, & que plus on a d'honneur quand on est dans le monde, plus on seroit fâché d'y avoir rien dit, ni rien fait qui pût nuire à la reputation. De-là vient que les plus braves, sont bien souvent les plus retenus & les plus modestes dans un commerce tranquile, & pour ceux qui se ménagent toûjours à l'armée: comme ils n'ont que bien peu de la bonne gloire, ils n'apprehendent pas de perdre l'estime qu'elle donne ; & c'est ce qui leur fait avoir cette assurance & qui même les rend effrontés dans une occasion pacifique. Je ne parle que de ceux qui sont obligez d'aller aux coups. Quoi qu'il en soit, il me semble qu'en tout ce qu'on entreprend de plus perilleux, & de plus difficile, il faut avoir de la resolution de reste ou ne s'y pas hazarder. Alexandre avoit harangué ses soldats munités,
&

& voyant qu'ils grondoient toûjours & faisoient un grand bruit de leurs armes, il se jetta parmi eux si fierement, que pas un n'osant se défendre ni murmurer, les plus seditieux se laissèrent livrer à ses gardes. Cela se trouve encore & dans les autres choses du monde & principalement dans la plaisanterie & dans les manieres galantes ; *** n'est souffert en ses froides bouffonneries, que parcequ'il a un front de bronze. Quand il en fait une, quoiqu'on le rébute avec un extréme dégout, il ne laisse pas de recommencer avec autant de hardiesse, que s'il avoit dit quelque chose de fort plaisant, & par sa constance il à bout de la delicatesse des Dames qui sont enfin contraintes de rire. Et pour ce qui regarde la galanterie, ce que fit le Duc de Bokingant n'y vient pas mal.

Il y eut un grand bal au Louvre où la Reine assembla tout ce qu'il y avoit de plus agreable & de plus galant parmi les Dames qui ce soir-là ne s'étoient pas negligées. Les hommes non plus n'avoient rien oublié de tout ce qui leur pouvoit être le plus avantageux. Desorte qu'on n'eut sû s'imaginer une plus belle & plus brillante assemblée. Mais il n'y avoit point de parure qui tint tant soit peu du balet & qui ne fut à la mode. Neanmoins le Duc de Bokingant se presenta en habit à la Persienne, avec un chapeau de Velours tout couvert de plumes & de pierreries & des chausses si troussées qu'elles laissoient voir toute la forme de ses jambes qu'il avoit belles mais beaucoup audessus de genoux. Cette invention étoit bien hardie & bien douteuse

teufe & même dans une Cour étrangere où
tant de gens bien faits & de grands Seigneurs
qui lui portoient envie, ne cherchoient qu'à
le tourner en ridicule. Cependant le Duc sût
si bien soûtenir son entrée & dansa de si bon
air, que les Dames qui rioient dabord pour
pour s'en moquer, ne rioient sur la fin du bal
que pour lui plaire, & qu'avec sa parure bizarre
& surprenante, il efface la mode Françoise
& les plus galans de la Cour.

F I N.

DISCOURS
DES
AGREMENS.

A Madame de ***.

IL seroit bien malaisé de penser si souvent en vous, Madame, & de vous écrire sur tant de sujets sans vous rien dire des Agrémens. Je ne croi pas que jamais Dame en ait eu de moins communs, ni en plus grand nombre. Les plus belles ne cherchent pas trop à se montrer auprès de vous, mais si quelqu'une vous dispute la beauté, je prens garde que vous êtes toûjours celle qu'on aimeroit le mieux. Je m'engage à discourir sur un sujet d'une fine idée, & qui donne bien peu de prise, je ne sai quel en sera le succez, & j'aurois grand besoin d'être aidé. Mais au lieu d'invoquer l'aimable Deesse ou quelqu'autre Divinité prophane, comme en usoient les anciens Poëtes dans une pareille occasion, je pense que je ferai mieux de vous appeller à mon secours, & de vous considerer attentivement. Peût-être que vous m'envoirez quelqu'une de ces Graces qui vous suivent par tout, & si je vous regarde à toute sorte de jour, mon cœur & mon esprit seront comblez de tout ce qu'on se peut imaginer de plus agreable.

Il me semble, Madame, que vous n'étes pas de
ces

ces beautez qui surprennent d'abord, & qui n'ont que la premiere veuë: plus ou vous considere, plus on vous admire, on ne vous voit jamais tant qu'on voudroit. Vous avez le teint blanc & les cheveux noirs; vos yeux sont vifs & & brûlans, qui percent comme des éclairs au travers d'un gros nuage. Tous les traits de vôtre visage sont delicats & bien formez, on ne voit rien de plus beau que vôtre gorge, ni de plus charmant que vôtre bouche.

Comme aussi on aime vôtre taille, qui n'est pourtant que bien peu au dessus de la mediocre: mais je ne sai quoi de noble vous fait paroître plus grande que vous n'étes. Vous enchantez du son de vôtre voix si-tôt que vous parlez; & ce qui fait principalement que vous plaisez toûjours, c'est que vous avez l'esprit fin, avec une extréme justesse à parler, à vous taire, à être douce ou fiere, enjoüée ou serieuse, & à prendre dans les moindres choses que vous dites le meilleur ton & le meilleur tour. De sorte qu'à vous regarder, il semble que vous voyez, ou que vous devinez dans le cœur & dans l'esprit de ceux qui vous approchent, tout ce que vous devez faire ou que vous devez dire pour y gagner la premiere place : & cela paroît si peu recherché qu'on ne croiroit pas que vous en eussiez la pensée.

On ne sauroit commencer plus à propos à parler des Agrémens qu'aprés vous avoir bien examinée. Mais avant que d'aller plus loin, trouvez bon, s'il vous plait Madame, que je vous demande si vous n'étes pas toûjours bien persuadée que Madame de *** est une

par-

parfaite enchanteresse ? Vous avez le gout subtil à connoître ce qui doit plaire, & vous le savez bien faire sentir. Je ne l'ai guere veuë que dans sa beauté naissante, & deslors il me sembloit qu'elle jettoit des éclairs bien vifs, & qu'il en brilloit de si haut qu'il n'y avoit point de lieu pour élevé qu'il fût, ni dans une region si tranquille, qui n'en fût menacé, & qui n'eût sujet de les craindre. Depuis à juger par le succez, & par le bruit qui s'en est répandu dans le monde, je croi comme vous que tout ce qu'on remarque en elle n'est fait que pour la rendre aimable. On ne peut rien s'imaginer de plus rare; car pour dire le vrai, la plus savante Magicienne, à moins que d'avoir de ces enchantemens dont nous avons quelquefois discouru, vient assez souvent d'elle même à rompre son charme.

Renaud quitte Armide cette belle Magicienne, & ce jeune homme plus sage que la bienseance n'eût voulu, se repent de cette vie obscure & languissante qu'il a passée auprés de cette Princesse, & l'asseure pourtant qu'il ne lui en veut point de mal.

Armide lui dit, qu'il est galant-homme d'oublier le sensible déplaisir que lui a rendu une jeune Princesse en se donnant à lui, mais aussi-tôt elle l'appelle un Zenocrate d'amour : Et puis que vous emportez mon cœur, lui dit-elle, emmenez le reste, je vous servirai *di scudo, o di scadiere*. Ce Zenocrate d'amour, & ce petit jeu de mots d'écu ou d'écuyer dans un adieu si sensible : tout cela, ce me semble, étoit bien propre à défaire l'en-
chan-

chantement, & neanmoins c'est le Tasse qui la fait parler, le plus bel esprit de son siecle.

On peut remarquer plusieurs sortes d'enchantemens ou d'Argémens, pour user du mot ordinaire. Les uns ne se montrent que de loin à loin, & ce sont des Agrémens de rencontre, comme de certains talens qui font qu'une personne plaît dans une chose qui ne paroît que par occasion. Car on plaît par le chant, par la danse, & par tant d'autres moyens qui ne se presentent que fort rarement ; il seroit bien difficile de les avoir tous. Car outre qu'on ne vit pas assez, il y faut encore être naî pour les acquerir en perfection. Ce n'est pas qu'on ne ne doive essayer le plus qu'on peut de s'acquitter des moindres choses qu'on fait, comme s'y prennent les Maîtres. Quoi qu'on n'y soit pas confirmé, la bonne maniere plaît & donne les vrais Agrémens. Mais les plus à rechercher & les plus necessaires, ce sont ceux qui vont droit au cœur, & qui sont de toutes les heures : comme de s'acquitter de bonne grace de tout ce qui regarde la vie & le monde ; car il me semble qu'on ne sauroit trop s'z attacher. Et qu'on ne s'imagine pas d'avoir du temps de reste, on y peut faire incessamment quelque nouvelle acquisition.

Ce que j'aime le mieux, & qu'on doit selon mon sens le plus souhaiter en tout ce qu'on fait pour plaire, c'est je ne sai quoi qui se sent bien, mais qui ne s'explique pas si aisément, & je ne sai de quelle façon me faire entendre

dre si je ne me sers du mot de gentillesse.

Cette gentillesse se remarque dans la mine, dans le procedé, dans les moindres actions du corps & de l'esprit ; & plus on la considere, plus on s'en trouve charmé sans qu'on s'apperçoive d'où cela vient. Il me semble qu'elle procede principalement d'une humeur enjoüée avec une grande confiance que ce qu'on fait sera bien receu. Il faut aussi que le naturel soit libre, & noble, & même délicat. Car tout ce qui se fait par contrainte ou par servitude, ou qui paroît tant soit peu grossier, la détruit. Et pour rendre une personne aimable en ses façons, il faut la réjoüir le plus qu'on peut, & prendre bien garde à ne la pas accabler d'instructions ennuyeuses.

Les meilleurs Ecuyers que j'ai connus, m'ont dit qu'en dressant les jeunes chevaux qui leur plaisoient le plus, ils se gardoient bien de les gourmander de peur de leur faire perdre cette gentillesse, qu'ils tâchoient d'augmenter par caresse, & par toutes sortes d'inventions. Si cette gentillesse étoit seule, elle ne seroit bonne à rien ; & même un impertinent qui l'auroit, n'en paroîtroit que plus ridicule. Mais quand elle se trouve bien accompagnée, elle est d'un grand prix, parce qu'elle met les bonnes qualitez dans leur jour, & qu'elle les rend agreables.

Ce qu'on appelle façonner, sied bien à une jolie femme, & même à un galant homme, pourveu qu'il y ait de l'esprit & quelque chose de solide pour soûtenir les façons, qui le plus souvent sont bien superficielles Les façons
ne

ne doivent tendre qu'à signifier delicatement & de bonne grace des choses qu'il ne faut qu'insinuër. Mais si ce que les façons veulent faire entendre, est si peu considerable, qu'on n'y puisse donner d'attention; je me suis souvent apperçeu qu'on s'en lasse aussi-tôt. C'est à peu pres comme ceux qui parlent sans rien dire, on ne les écoute pas long-tems Il me semble donc que ce qu'on fait comprendre par des façons, ne sauroit étre trop réel & trop effectif, mais il ne faut pas pour cela qu'elles soient bien sensibles ni bien remarquables.

Je trouve que de se bien prendre à façonner, c'est en quelque sorte bien diversifier. Le plus beau visage sans façon n'est pas piquant, & ce qu'on dit que la bouche rend agreable, & que les yeux embellissent ; c'est que la bouche reçoit plus de façon que les yeux. La diversité plaît toûjours en ce qui regarde les sens; pourveu que tout ce qui la compose, soit bien d'accord & bien proportionné. Plus les beaux païsages sont divers, plus les yeux en sont contens ; & les differens tons dans la Musique, quand il n'y a rien qui ne soit bien concerté, ne sont jamais en trop grand nombre. Il n'en va pas tout-à-fait de même pour les choses qu'on presente à l'esprit ou à l'imagination. Car il arrive souvent que cette sorte de variete, quand elle est si grande, nous déplaît & nous embarrasse.

Les plus excellens Peintres veulent que les figures soient sinueuses dans leurs Tableaux, & qu'on y remarque une disposition à la souplesse, à peu pres comme ces plis & ces replis qu'on voit dans la flâme. Je trouve aussi que la maniere de vivre & d'agir veut être libre & dégagée, & qu'on n'y sente rien de forcé. Desorte, que pour avoir une extréme grace aux choses qu'on entreprend, il faut s'en acquitter en excellent Maître, & que l'action soit juste, libre, & de bon air. Il s'y faut prendre comme faisoit Pericles à parler, Appelle à peindre, Cesar à conduire une armée, & dans les exercices: comme Pignatelle à monter à cheval, les plus adroits à faire des armes, & les meilleurs baladins à danser. Car ces Maîtres consommez dans leurs mestiers ont toûjours cet air achevé qui plaît, & que les apprentifs n'ont point. Il seroit bien difficile d'être parvenu à ce degré de perfection, à moins que d'y avoir apporté une grande disposition naturelle, & d'en avoir pris les meilleures voyes, & de plus de s'y être long-tems exercé. Mais il en faut approcher le plus qu'on peut pour s'y prendre agreablement. Ce qu'on doit corriger de la plûpart des Maîtres, c'est quelque chose de trop concerté qui sent l'art & l'étude. Il faut faire en sorte que cela paroisse natu-rel.

Je voi des personnes qui ont plus de grace dans l'action que dans le maintien, & j'en connois d'autres qui plaisent plus dans le maintien que dans l'action. J'entens par le maintien, non pas un repos tout-à-fait assoupi; car on ne laisse pas en cet état-là de penser & d'agir interieurement; & même de témoigner par quelque action, comme, de la bouche ou des yeux, ce qui se passe au dedans. On a de la grace à écouter comme à parler, quoi qu'elle ne soit pas si visible; & selon que le sentiment est plus fin, plus enjoüé, ou plus grave, le
main-

maintien se trouve plus délicat, plus gai, ou plus serieux. De sorte, que plus il paroît d'esprit & d'honnêteté dans le maintien, plus il est agreable. Je remarque aussi que la beauté y contribuë extremement, & ce que je viens de dire pour rendre le maintien aimable, n'est pas inutile à l'action.

Les anciens ont representé les Graces fort délicates, pour faire entendre que ce qui plaît consiste en des choses presque imperceptibles, comme dans un clin d'œil, dans un sous-rire, & dans je ne sai quoi, qui s'échape fort aisément, & qu'on ne trouve plus si-tôt qu'on le cherche. Il semble à ce compte-là que le caractere heroïque n'est pas fait pour plaire, au moins comme on le represente ordinairement.

Ma vertu pour le moins ne m'abandonne pas. Il faut bien que cela se devine, & que le procedé le donne à connoître. Mais ce n'est pas le moyen de faire aimer sa vertu, ni méme de persuader qu'on a du merite, que d'en parler si ouvertement.

Le plus éloquent des Romains cite en beaucoup d'endroits un Comedien qui charmoit le monde; & de la sorte qu'il en parle, il en étoit lui-méme charmé; Cependant il remarquoit en lui comme un defaut, qu'il n'étoit pas vehement, ni propre à soûtenir un grand rôlle; mais s'il eût eu ce qu'un si grand juge y trouvoit à desirer, je croirois qu'il en eût beaucoup moins valu. Car les vrais Agrémens ne veulent rien qui ne soit moderé : tout ce qui passe de certaines bornes, les diminuë, ou méme les détruit; & la personne qui plaisoit hier plaira moins aujourd'hui, ou même elle ne plaira point du tout à cause qu'elle ne conservera pas le temperament qu'elle avoit employé.

On aime Armide dans le camp des Chrétiens, parce qu'elle s'y presente douce & composée dans une grande moderation, mais quand Renaud la quitte, comme j'ai dit, & que dans l'excez de sa colere & de ses regrets elle ne garde plus de mesures, quelle difference d'elle à elle même ? Ce n'est pas que la tristesse & l'abattement ne puissent plaire : & peut être que celui qui s'étoit sauvé des enjoüemens d'une belle femme, n'aura pû resister à ses larmes. Mais on se doit asseurer que les soûpris moderez & les larmes douces sont plus à craindre que tous les emportemens de la colere & du desespoir.

On ne trouve rien de plus difficile que d'inspirer comme on veut ces deux sentimens, la joye & la tristesse. Je remarque aussi qu'il n'y a rien de plus rare dans les actions de la vie, que de rire & de pleurer de bonne grace, & que tout sied bien aux personnes qui plaisent dans l'un & dans l'autre. Car ce n'est pas rire de bonne grace de ne rire que pour montrer de belles dents. Il faut que le sujet le demande, & que le rire soit proportionné au sujet & à l'occasion. Il est toûjours plus à propos d'y pecher dans le peu que dans l'excez. Car il vaut mieux ne pas faire une chose que de la mal faire. Pour ce qui regarde les larmes, je trouve qu'il se faut bien garder d'en répandre à contre-tems. Outre qu'elles sentent l'hypocrise, & qu'elles donnent de la défiance, il arrive assez souvent
que

que lors qu'on pleure, on ne cause point de tendresse, & que même on fait rire, & qu'on se rend ridicule.

Il ne faut pas que les graces soient beaucoup réjoüées, je veux dire que s'il y a quelque chose qu'on doive épargner, ou plûtôt qu'on doive diversifier, c'est principalement les façons. Car l'Agrément se plaît à surprendre, plus il est aimable, plus on le remarque, & plus il veut être ménagé. De sorte, qu'un Agrément qu'on vient de voir, & dont on est charmé, s'il se montre encore, il ne touche plus si vivement. Il faut observer les choses qui déplaisent pour s'en défaire, comme celles qui plaisent pour les acquerir. Car les plus accomplis ont presque toûjours je ne sai quoi qu'il seroit bon de ne pas avoir, comme aussi la plus aimable personne du monde n'a pas tous les Agrémens.

Je trouve la ressemblance des actions fort lassante, comme d'aborder frequemment d'une même mine; soit riante ou triste, enjoüée ou severe, & je prens garde que quelques personnes qui se piquent d'être égales, quoi que d'ailleurs elles ne soient pas sans merite, déplaisent toûjours également. En effet cette égalité fade & sans gout qui paroît dans l'humeur & dans l'esprit de quelques gens, les rend bien des-agreables, sur tout quand ce n'est ni bonté ni complaisance, mais je ne sai quel procedé de gens polis à leur mode, qui n'en sont que plus ennuyeux. Il seroit à souhaiter que toutes les passions que le sujet demande, se pussent sentir ou deviner sur le visage & dans l'air de ceux qui veulent plaire. Les nuances vont à l'infini, & les excellens ouvriers découvrent

vrent tant de moyens pour bien faire les choses, qu'ils ne les refont que bien peu d'une même maniere, & de la vient cette aimable diversité d'Agrémens. J'admire de vous, Madame, que vous en ayez toûjours de nouveaux, & que dans le plus petites choses que vous entreprenez, on trouve une facilité naturelle qui ne prend jamais le même tour.

Le poison subtil qui fait tomber en langueur est le plus à craindre, & ces Agrémens secrets, dont on ne peut découvrir la cause, sont aussi les plus dangereux. Ce sont les personnes qui les ont qui tiennent le plus au cœur. On ne les sauroit oublier, parce qu'elles plaisent toûjours quand elles ne seroient que des fautes. J'ai pris garde en la plûpart des arts à ces sortes d'Agrémens, & je les sens en tout ce qui vient de vous, & même en beaucoup de choses dont vous devriez vous défaire.

On peut observer deux sortes d'Agrémens. Les uns plaisent par eux mêmes, & font toûjours que l'on aime ceux qui les ont : comme en vous voyant, Madame, on est enchanté sans penser qu'à ce qu'on a devant les yeux. Il y a une autre nature d'Agrémens qui ne subsistent que par un rapport à quelque autre chose, & qui font bien dire qu'on reüssit dans le personnage qu'on joüe, mais qui ne font point aimer celui qui le joüe quoi qu'il s'en acquite en perfection. B vous divertissoit quand il contrefaisoit les Courtisans du Nort qui ne savent ni nos modes ni nôtre langue, & qui ne sont pas obligez de les savoir, mais vous ne l'en aimiez pas mieux. Et ce qui vous réjoüissoit de ces plaisanteries, c'est qu'elles vous remettoient dans

dans l'esprit des choses naïves qui vous avoient fait rire. Ainsi, Madame, ce qui vous plaisoit alors n'étoit pas tant ce que vous consideriez en lui, que ce que vous aviez veu ailleurs. Mais quand on rit, ou qu'on a de la joye d'une chose agreable en elle-méme, celui qui donne ce plaisir se fait souhaiter, & quoi qu'il ne fasse pas rire, on est toûjours bien aise de le voir, au lieu que ceux qui ne plaisent que par la bouffonnerie, ne se peuvent souffrir à la longue, parce qu'on ne les a regardez que pour rire sur quelque sujet ridicule, & qu'on s'en lasse en moins de rien. De sorte que si quelqu'un se vouloit insinuër dans le cœur d'une personne delicate & qui connoît le peu de valeur de ces choses-là, quoi qu'il fût admirable dans la bouffonnerie, je ne lui conseillerois pas d'en user souvent.

L'autre jour une fort belle fille contrefaisoit des Dames ridicules devant sa mere qui n'en rioit point, & qui fronçoit les sourcis, & comme cette fille enjoüée s'en étonnoit; Que j'aurois de joye, lui dit sa mere, si vous pouviez contrefaire M. de *** qui fait toûjours moins rire que soûpirer! Cet avertissement peut beaucoup servir pour se faire aimer. Car quand on a ce dessein, il ne faut imiter ni contrefaire que ce qu'on trouve de plus agreable.
Il me semble aussi que pour avoir de l'air à tout ce qu'on entreprend, il faut consulter son inclination & ne la pas contrarier. Un homme qui bouffonnoit souvent & fort mal, avoit une femme extrémement delicate qui ne pouvoit souffrir cette plaisanterie, & qui la rejettoit severement. Cela l'obligea d'être serieux; &
com-

comme quelques personnes l'entretenoient gravement, & que ce ton le déconcertoit, Et bien ma femme, s'écria-t-il, me voila si honnéte homme que j'en ai grand' honte. Il se trouve bien quelques naturels si souples, qu'ils se tournent comme ils veulent selon les occasions, & que tout leur réüssit ; mais c'est une merveille que d'en rencontrer, & je voi presque toûjours qu'on a peu de grace quand on va contre son genie.

Il y a des choses si des-agreables qu'on s'en doit absolument défaire, comme d'étre injuste, envieux, ou malin: de quelque façon qu'on le soit, il sied mal de l'étre, il y faut renoncer toutà-fait; mais pour celles dont l'usage n'est ni bon ni mauvais, & qui ne depend que de s'y prendre bien ou mal, il faut suivre sa pente, & tout ce qu'on peut en cela, c'est d'en faire un peu plus ou un peu moins. Je veux dire que celui qui paroît plus sombre ou plus gai que la bien-seance ne veut, doit essayer par adresse ou par habitude d'y apporter quelque moderation. Ce juste temperament se peut acquerir & se rendre naturel quand on y prend garde, & la principale cause de la bien-seance vient de ce que nous faisons, comme il faut ce qui nous est naturel ; d'ailleurs tous les caracteres sont excellens lors qu'on s'en acquitte en perfection.

Le bon air qui me semble tres-difficile est tout-à-fait necessaire aux Agrémens, & c'est méme une espece d'Agrément que le bon air ; car il plaît toûjours. Mais il y a des Agrémens si subtils, qu'encore que le bon air y soit, il est pourtant bien difficile de s'en appercevoir,

voir, parce qu'on ne les voit pas eux-mêmes. Neanmoins ces Agrémens presque imperceptibles ne laissent pas de produire de grands effets, & ce sont ceux qui touchent le plus. Pour s'en éclaircir, que les gens qui savent ce que c'est que d'aimer, & qui sont vivement touchez, examinent bien ce qui les engage. Il y en a fort peu qui le puissent faire entendre quand on leur en parle, & la plûpart ne le comprennent pas eux-mêmes.

Le bon air est plus remarquable que l'Agrément, on le reconnoit d'abord qu'il se presente. Mais il arrive souvent que des personnes qui ne surprennent pas à la premiere veuë, sont bien dangereuses à les pratiquer. C'est que de tems en tems on découvre en elles quelque nouvelle grace, & que le cœur est attaqué par quelque endroit où il ne s'étoit pas fortifié.

Tout ce qui fait aimer, tout ce qui fait estimer, contribuë au bon air, & les choses contraires font aussi des effets opposez. Il ne faut rien negliger pour l'acquerir, ou pour l'augmenter, & je prens garde que les sens & l'esprit s'assemblent pour en connoître la juste valeur. Ne voyons-nous pas que le merite nous semble de plus grand prix en un beau corps, qu'en un corps mal fait ? comme aussi quand le merite est bien reconnu nous en trouvons la personne plus aimable. La même chose arrive de ce qui ne tombe que sous les sens ; lors qu'on est satisfait du visage, le son de la voix en paroît plus agreable. Et d'où vient qu'on se plait à regarder, & même à toucher de ces fruits qu'on aime ? D'où vient qu'ils se montrent

E 5 beaux,

beaux, & qu'ils flatent la veuë? C'est principalement parce qu'ils sont de bon goust, & de bonne odeur. Si bien que pour exceller dans le bon air, il faut rechercher toute sorte d'avantages tant du corps que de l'esprit, & se défaire le plus qu'on peut de ses moindres defauts.

L'air le plus conforme au rôlle qui se presente & qui vient le mieux à la personne qui le joüe, est la principale cause de la bien-seance. Monsieur de *** se presentoit comme un galant homme & se faisoit souhaiter, mais *** qui se campe en maistre-d'armes ne se trouve pas à dire quand il est absent. Je remarque aussi que ce faste que de certaines gens affectent, ne leur est pas avantageux. L'air noble & qui sent son bien, a bonne grace en toutes sortes de conditions, & mesme une certaine grandeur qui vient du cœur & de l'esprit. On se plaist à la considerer en quelque lieu qu'elle se montre & comme elle ne donne jamais une fausse idée, on est aussi aise qu'elle soit en un particulier qu'en un Prince. Il n'en va pas ainsi de cette autre grandeur, qui vient de la fortune: elle sied bien aux grands Princes comme aux grandes Princesses, parce qu'on ne s'y peut méconter, & qu'ils sont en effet ce qu'ils paroissent. Mais elle nuit à ceux qui n'en ont que l'apparence; de sorte qu'un homme qui n'est pas un grand Seigneur, & qui se trouve assez mal-heureux pour en avoir la mine, doit essayer de s'en défaire, par ce que d'abord ons'y trompe, & qu'ensuite on vient à le mépriser. Si j'eusse esté en la place d'Ephestion, cette Princesse de Perse m'eust fait dépit
de

de m'avoir pris pour Alexandre, & je voy qu'une grande mine qui se fait beaucoup remarquer, n'est pas toûjours celle qui réüssit le mieux. On peut l'avoir fort bonne sans l'avoir si grande. Un jeune homme tres-satisfait de la sienne, me demandoit ce que j'en croyois: Vous reluisez plus, luy dis-je, que je ne voudrois, & vous devriez vous en corriger.

Comme on n'aime pas les ornemens qui parent beaucoup & qui ne sont que de peu de valeur, il me semble aussi qu'une mine qui promet quelque chose de grand, & qui se trouve mal soutenuë est fort desavantageuse. Il ne faut pas non plus avoir rien dans sa mine, ni dans son procedé, ni dans ses discours, qui contrarie à cette grandeur, ui qui sente une nourriture basse & malheureuse. Mais il se faut bien garder de rien faire qui marque cette grandeur. Un honneste homme doit vivre à peu pres comme un grand Prince qui se rencontre en un païs étranger sans sujets & sans suite, & que la fortune reduit à se conduire comme un honneste particulier. Je voy mesme que c'est un mal-heur à quelques gens d'avoir de ces noms si connus: quand ils font demander s'ils n'incommoderont point, on croit voir entrer un grand Seigneur, ou quelque personne qu'on attend avec beaucoup de joye, & ce n'est pas cela.

La grandeur sied bien en plusieurs choses, comme dans les spectacles. Il me semble aussi qu'elle a bonne grace pour les edifices des Princes; mais ce qu'on en voit de plus grand en apparence n'est pas ce qu'on doit le plus admirer.

Le Louvre est plus grand que Versailles; mais Versailles est plus beau, plus noble, & plus agreable que le Louvre, & meme il sent plus cette veritable grandeur qui plait aux personnes de bon gout. Enfin cét air de grandeur qu'on aime, & qui dépend de la fortune, se découvre dans le procedé des maitres du monde, parce que dés leur enfance ils sont accoutûmez à regarder au dessous d'eux tout ce qui les environne, & à commander en souverains d'une maniere douce & majestueuse. Car le commandement des inferieurs, qui sent presque toûjours plus l'esclave arrogant que le maitre absolu, n'a rien de civil ni de noble comme on le peut observer en la pluspart de ceux qui font tant de bruit autour des grands Princes. Il me semble qu'il n'y a rien de plus haut prix que le bon air, & qu'on ne s'y sçauroit trop attacher.

Quelques-uns s'imaginent que c'est une faveur du Ciel, & que ceux qui ne l'ont pas receuë, n'y peuvent pretendre. Mais cela n'est point vray. Je ne confonds pas ici le bon air avec les Agrémens, & quand je les confondrois je ne serois pas d'accord pour cela qu'on n'y put faire du progrez. Car les Agrémens dependent si peu de l'étoile, comme on dit, que la méme personne qu'on trouve aimable aujourd'hui, ne se pourra souffrir demain. C'est qu'elle se prend mieux à de certaines choses qu'à d'autres De là vient qu'on peut aimer des gens à la longue, que d'abord on trouvoit insupportables. Car lors qu'on veut plaire, on en cherche les moyens. Que si le premier reüssit mal, on a recours à un autre, & par une suite de
re-

reflexions & à force de se corriger on se rend honnête homme, & par consequent agreable. Je sçay bien que les causes de l'Agrément sont fort cachées, mais celles du bon air sont plus sensibles: on les découvre mieux; car ce bon air sont plus sensibles : on les découvre mieux; car ce bon air ne consiste qu'à prendre les bonnes voyes, s'instruisant des meilleurs Maîtres, ou plûtôt inventant de soi même si l'esprit s'en trouve capable.

J'ay veu des personnes qui n'avoient que deux mois d'étude ou d'exercice se mieux prendre à ce qu'on leur montroit que d'autres qui avoient appris deux ans; & cela par la difference de leurs Maîtres; car on remarque facilement ce qui vient des avantages du corps & de l'esprit. Et pour ce qui regarde ce bon air, on en peut observer de deux sortes. Le premier & le plus commun est celui qui cherche la pompe & l'éclat : l'autre est plus modeste & plus caché. Le premier a beaucoup de rapport avec la beauté, & je trouve qu'il lasse aisément; mais cet autres qui se montre moins à découvert, plus on le considere & plus on l'aime. Il y a toûjours dans le premier je ne sai quoi de faux & quelque espece d'illusion : le dernier est plus réel quoi que plus imperceptible; & je voi qu'il approche de l'Agrément. L'un donne plus dans la veuë aux jeunes gens qui d'ordinaire sont bien aises d'étre éblouis, & l'autre plait davantage à ceux qui ont le gout fait.

Je trouve aussi que pour se rendre agreable on ne peut trop chercher la bien-seance, mais il ne faut pas l'affecter ; & cela est si vrai, que lors qu'on l'affecte, celui qui l'aime le plus doit être le premier à s'en l'moquer. Mais qu'est-ce que l'affecter? C'est témoigner qu'on s'en inquiete pour des choses de peu de consequence : comme de consulter scrupuleusement & serieusement si le jaune sied mieux que le bleu, si le verd n'est point trop gay ; s'il faut attendre deux ou trois jours à rendre une visite, si elle n'est point un peu trop longue ou trop courte ; & principalement lors qu'il se presente une chose honnête & qui plaît, de ne l'oser faire, parce que ce n'est pas la coûtume des sots & des sottes. L'affectation la plus méprisable, c'est quand la fausse gloire & la vanité s'y meslent, comme de baisser les yeux & de rougir d'être dans un carrosse qui n'est pas comme on voudroit ; de croire qu'on se fait tort d'avoüer un parent parce qu'il est pauvre ou peu connu. Quoi donc? ne fait-il pas plus d'honneur s'il est galant homme qu'un grand Seigneur de peu de merite? La vraye bien-seance ne depend point de la fortune, elle vient du cœur & de l'esprit ; tout le reste est peu considerable.

Une Dame du monde jeune & belle, & qui se plaift à se faire considerer, donne aifément dans cette fausse bien-seance : & je les avertis toutes qu'elles feroient bien de prendre le contre-pied, & qu'elles reüssiroient beaucoup mieux. Il y en avoit une d'un haut merite, & dont toute la Cour étoit enchantée. Un jour que sa chambre en étoit pleine on lui vint dire qu'il y avoit un homme qui n'osoit entrer.

C'étoit

C'étoit un habitant d'une petite Ville habillé à sa mode, & qui s'expliquoit de même. Elle sortit pour lui parler, & voyant que cet homme lui appartenoit par quelque alliance, elle l'embrasse, le méne dans sa chambre, l'appelle son cousin, & lui demande des nouvelles de sa femme, & d'autres personnes de sa connoissance ; & parce qu'il avoit quelque affaire au Parlement, elle le presenta à tous ses amis, & les prie tres instamment de solliciter pour lui, s'il avoit besoin d'eux. Je ne croi pas qu'elle ait jamais paru plus aimable qu'en cette rencontre, & tous ceux qui s'y trouverent me dirent que c'étoit leur sentiment.

Saint Surin étoit fort honnête homme, & tout le monde recherchoit son amitié ; il étoit propre jusqu'à l'excez, & neanmoins tout ce qui sentoit le faste le choquoit. Il s'attachoit beaucoup à plaire aux femmes ; & peu de gens y ont mieux reüssi. Cependant il n'avoit d'ordinaire que du linge uni, & des habits d'une étoffe de si peu d'eclat & de valeur que la plûpart n'en voudroient pas porter à la campagne. Mais il étoit si curieux de tout ce qui ne paroissoit point, qu'on jugeoit bien par là qu'il ne craignoit pas la despense. Un de ses amis le trouva dans le Palais comme il achetoit je ne sai quoi, & quand ce qu'il avoit pris fut plié, celui qui l'avoit rencontré lui voulut donner un Laquais, parce qu'il étoit seul : J'aurois honte, dit-il en riant, de porter cela si c'étoit un larcin, mais je l'ai payé & je pense plus cherement qu'il ne faloit.

Parmi ceux qui se veulent rendre agréables,
les

les uns qui ne songent qu'à faire du bruit, tâchent de plaire à tout le monde, & presque indifferemment. Tout les touche & rien ne les arrete, & comme ils ne sont jamais fort contens, ils n'ont pas aussi de grands déplaisirs : ils se consolent bien-aisément d'une absence, ou d'un changement, & les personnes qui les perdent n'en sont pas non plus au desespoir. Les autres qui sont d'une complexion difficile & reservée, n'aiment qu'en peu d'endroits, & ne cherchent qu'à plaire aux personnes qui leur sont cheres. Les affections de ceux-ci, quoi qu'elles soient violentes, durent long-tems, & quand le merite les accompagne & que la conformité s'y rencontre, elles sont fort à souhaiter. Il y a presque en tout du bien & du mal, & c'est une belle science que de savoir prendre l'un & laisser l'autre, comme en ces differentes manieres de proceder. Car il me semble qu'on ne sauroit trop plaire au monde, puis qu'il arrive de cela que le bien qu'on fait dire de soi fait qu'on est bien receu partout, & comme à l'envi, & qu'on n'a qu'à choisir lors qu'on se veut engager. Mais il est impossible d'étre heureux en ses affections quand elles sont si partagées. D'autre côté celui qui ne pense qu'à se rendre agreable à la personne qui lui plait, quoi qu'il soit bien fait & fort galant homme, il n'est pourtant pas asseuré de la gagner, soit qu'elle ne veüille point aimer celui qui n'est aimé de personne ; car l'exemple en ces choses-là peut beaucoup : soit qu'un autre ait pris les devans, soit enfin que son inclination la porte à d'autres pensées. Ce que je dis des hommes se peut obferver des femmes, ce font les mêmes sentimens, & qui pourroit difposer de son cœur à sa fantaisie, ne sauroit trop éviter les extremitez.

Il ne sied pas toûjours mal de souffrir l'injustice quand on la méprise, ou qu'on estime peu ceux qui la font. Mais de la souffrir par sottise ou par une bassesse de cœur, je ne voy rien de plus méprisable. Il ne faut pas songer à vivre en de certaines rencontres, & celui-là n'est pas moins imprudent qu'injuste, qui reduit un autre à cette extremité. Mais la vraye devotion & l'humilité chrétienne ont toûjours bonne grace. Le principe en est si grand & si noble, qu'il embellit & fait aimer toutes les actions de la vie; & je trouve que les sentimens de ces premiers Chrétiens qui se réjoüissoient que le Seigneur les eut jugez dignes d'endurer la honte & l'opprobre pour sa gloire, étoient bien au dessus de ces lettres si hautaines qu'Alexandre écrivoit au Roi de Perse.

Ce que je viens de dire me fait souvenir qu'il y a des gens assez scrupuleux pour trouver mauvais qu'on écrive sur le sujet des Agrémens; Car, disent-ils, n'apprend-on pas assez dans le monde ce qui doit plaire sans le chercher dans les livres? Outre qu'il est bien dangereux d'être si subtil à penetrer combien les choses parfaites sont agreables, parce que cette connoissance qui nous en découvre le prix, nous les fait trop rechercher. Ils sont persuadez que cet excez peut beaucoup nuire & même dans la devotion. De sorte, qu'à leur jugement on fait bien de plaire dans
le;

les choses saintes pour les rendre agreables. Mais que pour celles du monde on ne s'y sauroit prendre d'asses mauvaise grace, puis qu'on ne les aime que trop.

Je ne suis pas de ceux dont les opinions soient à craindre, les miennes qui n'ont ni poids ni authorité, ne tirent pas à consequence, & c'est pourquoi je dis librement tout ce qui me passe dans l'imagination. De plus je n'établis quoi que ce soit, & je me soûmets docilement à ceux qui savent mieux que moi les choses dont je veux discourir.

Que si la verité se montre devant mes yeux sans voile & sans nuage, j'essaye de la faire voir aux autres. Mais s'il arrive qu'apres leur avoir dit mes raisons, mon sentiment ne leur revienne pas, & que je n'en puisse changer, je leur cede en apparence, & je ne dispute pas volontiers, si je ne suis fort piqué. Car lorsque la verité se presente visiblement, si d'abord ceux qui la regardent n'en sont penetrez, c'est qu'ils n'ont pas les yeux faits à la connoître, ou qu'ils sont prévenus; & je prens garde que tout ce qu'on leur peut dire ne sert qu'à les étourdir & que c'est du temps mal employé.

Pour satisfaire ou pour éclaircir les personnes dont j'ay parlé, j'avouë que la Cour n'est pas inutile à s'instruire des Agrémens & de la bien-seance, & que c'est l'endroit du monde le plus propre à s'y perfectionner. Mais il est certain qu'on auroit beau frequenter les plus honnétes gens, & les Dames les plus galantes qui soient à la Cour: à moins que de penser

sou-

souvent à ce qui sied le mieux, & de s'y appliquer avec un grand soin, il seroit bien difficile d'en acquerir la perfection. Je puis même asseurer que quelque habile qu'on soit en matiere de bien-seance, on est souvent en danger d'y faire quelque faux pas. Pour n'en point douter, on n'a qu'à suivre de pres les plus accomplis. Et je trouve aussi qu'à bien examiner les autheurs les plus épurez, on remarque en leurs écrits assez de choses qui paroissent de mauvais air, & cela nuit beaucoup à tout ce qu'on y voit de meilleur & de plus achevé.

Pour ce qui est du peril que l'on craint d'avoir le gout trop exquis en fait d'Agrémens, parce qu'on les aime quand on les sait bien connoître, il faut conclure tout le contraire; car lors qu'on ne se plaît qu'aux vrais Agrémens, comme on n'en voit que de loin à loin, on a presque toûjours le cœur assez tranquille du côté des affections. En effet celui qui ne s'attache aux choses qu'autant qu'elles sont aimables, ne vient pas ordinairement à les trop aimer.

Du reste ceux qui sont persuadez que le soin de plaire s'accommode mal avec la devotion, ne se souviennent pas qu'un grand Saint, qui dit lui-même que tout le monde le trouve agreable, n'approuve rien sans la bienseance, & que c'est ce qu'il recommande le plus pressamment. Il me semble aussi que le plus parfait modele, & celui que nous devons le plus imiter, aimoit tout ce qui se faisoit de bonne grace, comme ces excellens parfums qui

qui furent répandus sur lui ; & peut-on rien s'imaginer de plus agreable que ses moindres discours & ses moindres actions ? On trouve en quelle endroit qu'il ne faut pas donner aux chiens le pain des enfans, & comme nôtre Seigneur le disoit à une femme qui n'étoit pas Israëlite, & qui lui demandoit une grace ; Encore Seigneur, répondit-elle, les petits chiens ne laissent pas d'amasser les miettes qui tombent sous la table des enfans. Cela ne se pouvoit mieux dire ni mieux penser, & le Seigneur fit paroître la joye qu'il en eut, & lui accorda ce qu'elle avoit souhaité.

On peut encore observer qu'il aimoit tant la bien-seance qu'il en donnoit des instructions. Si l'on vous appelle à un festin, gardes-vous bien, disoit le Seigneur, d'y prendre la premiere place, de peur que le maître en arrivant ne vous la demande pour un autre; car vous en seriez honteux. Mettez vous plutôt dans la derniere, afin qu'il vous fasse montrer plus haut, & ce vous sera de l'honneur.

Celui qui garde en tout la bien-seance vit toûjours bien ; car elle consiste en cela, que ce qu'on fait ou qu'on dit, ne soit pas seulement bon en soi-même, mais aussi qu'à toutes sortes d'égards, il ne s'y trouve rien à redire : & que peut-on desirer de meilleur ? Aussi le plus grand défaut des mauvaises choses, c'est qu'elles sont des-agreables. Je croi même que c'est un péché que de déplaire quand on s'en peut empecher quoi qu'on ne fasse point d'autre mal ; & le scandale que le Sauveur défend sous des peines si rigoureuses, qu'a-t-il de mau-

vais

vais que de déplaire ou d'apporter de l'ennui ? Il ne faut pas douter que celui qui pourroit ne pas être des-agreable, & qui demeure comme il est, ne commette un grand peché de paresse quand ce ne seroit qu'il rend bien difficile à son égard un des principaux commandemens d'aimer nôtre prochain comme nous-mêmes. Car il me semble qu'il est presque impossible d'aimer ce qui déplait. Le sentiment l'emporte sur la raison, & le devoir n'en est pas le maître.

Quand je pense que le Seigneur aime celui-ci, & qu'il hait celui là sans qu'on sache pourquoi; je n'en trouve point d'autre raison qu'un fonds d'Agrémens qu'il voit dans l'un & qu'il ne trouve pas dans l'autre, & je suis persuadé que le meilleur moien, & peut-être le seul pour se sauver c'est de lui plaire. Enfin, qui me demanderoit une marque infaillible pour connoître le bien & le mal, je n'en pourrois donner ni chercher une plus forte ni moins trompeuse, que la decence & l'indecence; car ce qui sied bien est bon, & ce qui sied mal est mauvais; De sorte que plus tout ce qu'on fait approche de l'un ou de l'autre, plus on y voit ou de vertu ou de vice.

Quant à ceux qui veulent bien qu'on ait de la grace à parler, pourveu que ce soit sur des sujets de pieté pour les rendre aimables, j'ai à leur dire que ce qui plait dans le discours n'est pas de ces choses qu'on prend ou qu'on laisse comme on veut, il faut être agreable en tout ce qu'on dit pour l'être lorsqu'on traite des choses saintes. Car soit qu'on se mêle de parler ou d'écrire, l'esprit se tourne
d'une

d'une façon ou d'une autre, & puis on s'en tient là.

Je ne voi presque rien de si bon qui ne puisse nuire par un mauvais usage, & ceux qui desapprouvent les Agrémens, parce qu'on voit quelques personnes qui s'en servent mal, devroient considerer que les méchans & les injustes, quand ils sentent qu'on les hait, sont beaucoup plus pernicieux & plus à craindre qu'ils ne seroient si on les aimoit. Cesar qui plaisoit à tous ceux qui le pratiquoient n'étoit pas, à ce qu'on dit, le plus homme de bien qui fut en ce tems-là, mais on l'aimoit à cause qu'il étoit agreable, & parce qu'on l'aimoit il étoit humain. Que s'il se fût attiré la haine publique, sa douceur se fût changée en cruauté, & comme un habile homme ne trouve rien qui lui soit difficile, il eut fait plus de mal que Neron.

Quand on a un dessein criminel, celui qui n'y peut reüssir par la douceur ou par quelque maniere agreable, a bien souvent recours à la violence, à la trahison, aux empoisonnemens, & à des moiens si barbares, que si tous les Agrémens étoient assemblez en la plus méchante personne du monde, jamais ils ne pourroient tant nuire que le moins injuste de ces autre moiens.

Je remarque aussi qu'on ne fuit pas seulement ceux qui déplaisent, mais qu'on hait tout ce qui leur appartient, & qu'on ne leur veut ressembler que le moins qu'on peut. S'ils loüent la paix, ils font souhaiter la guerre; s'ils sont devots & reglez, on veut être
liber-

libertin & des ordonné. Oüi sans doute, mais on peut dire aussi que d'une personne qui plait les defauts même sont de quelque prix, & qu'on panche aisément à les imiter. J'avoué qu'il est bien difficile de n'avoir rien qui ne soit bon, mais pour une mauvaise chose qu'on trouve dans une personne agreable, on découvre en elle un grand nombre d'excellentes qualitez qu'on ne manque pas d'acqueris en la frequentant, pour peu que le naturel y soit tourné. Encore je prens garde qu'il est impossible de plaire à ceux qui jugent sainement, sans exceller en ce qui regarde les bonnes mœurs, car les vrais & les profonds Agrémens ne dépendent pas d'un soûrire flateur, d'aborder galamment, ou de dire quelque chose à propos, quoi que cela ne soit pas à negliger. Ce sont des graces superficielles qui s'en vont bien vite, mais il y en a de solides qui ne passent point, & qui viennent d'un merite exquis. En effet plus celui qui parle ou qui se communique par ses écrits, à le cœur & l'esprit comblé de choses rares, plus on l'aime & plus on cherche à lui ressembler. Un peu de Poësie que je tiens de vous, Madame, & qui me repasse doucement dans l'imagination, n'y vient pas mal ;

Toûjours d'un air qui plait l'esprit se fait entendre,
 S'il est plein d'Agrément ;
Et le cœur bien touché d'une passion tendre,
 S'explique tendremens.

Il ne faut qu'un honnête homme pour inspirer les bonnes mœurs au plus méchant peuple de la terre, & pour donner envie à tous ceux d'une cour sauvage & grossiere, d'être honnêtes gens : ce que je dis d'un honnête homme, se doit entendre aussi d'une honnête femme.

Les gens du monde sont quelquefois obligez de se mêler de tout, & même de ce qu'ils savent le moins. Quand cela leur arrive ils ne s'y doivent pas conduire comme les artisans de profession, qui n'ont guere pour but que de finir leur ouvrage. Car un galant homme doit moins songer à se perfectionner dans les choses qu'il entreprend, qu'à s'en acquitter en galant homme. Ce n'est pas que la science de bien faire une chose ne soit un grand avantage pour la faire agreablement, & que les excellens ouvriers n'aient dans leur maniere je ne sai quoi de maître qui plaît toûjours. Mais si les gens du monde avoient je ne sai quoi de maître qui paroît si libre & si peu contraint, il leur sieroit encore mieux. Cet aise qui vient de l'heureuse naissance & d'une excellente habitude est necessaire aux Agrémens, de sorte que celui qui se mêle d'une chose, quoi qu'elle soit tres-difficile, s'y doit pourtant prendre d'une maniere si dégagée qu'on en vienne à s'imaginer qu'elle ne lui coute rien.

Il y a des Agrémens qui ne sont pas d'une fine trempe, & qu'on peut acquerir sans beaucoup se tourmenter. Les gens qui savent la Cour, & qui ne sont pas tout-à-fait sans esprit
se

se peuvent bien asseurer de plaire au plus grand nombre, ou du moins de ne le pas choquer. Il ne faut pour cela qu'observer ce qu'on approuve dans le monde, quoi qu'à dire le vrai les sentimens soient si divers que ce qui paroît aimable aux uns n'est pas supportable aux autres. Mais il y a des façons de vivre & d'agir qui sont presque toûjours bien receuës. Cela consiste en je ne sai quel procedé fort commun qui depend beaucoup moins d'avoir d'excellentes qualitez, que de n'en pas avoir de mauvaises, comme de n'étre incommode à personne, & de laiser les choses comme elles sont. Car pour être bien dans le monde, il n'est pas necessaire d'avoir rien d'exquis : cela méme pourroit nuire en plusieurs rencontres, parce que lors qu'on excelle il arrive toûjours qu'on efface beaucoup de gens, & qu'ensuite on s'attire l'envie : mais la mediocrité ne choque personne, si ce n'est peut-être de vrais amis qui veulent qu'on donne de l'admiration.

Ceux qui ne vont pas au dessus de cette mediocrité, font peu de bruit dans le monde, mais on les y laisse vivre tranquillement : on n'est pas au desespoir de s'en separer, mais quand on les voit on les souffre. Il seroit à souhaiter que de certaines personnes s'en voulussent tenir là ; mais qu'on auroit de peine à les y reduire ! & j'en connois une, si je ne me trompe, qui consentiroit plûtôt de choquer ceux qui l'approchent, que de leur plaire mediocrement. Cette maniere seroit pourtant bien commode pour tout le monde, parce qu'elle ne coute

F guere,

guere, & qu'elle ne fait pas de grands desordres.

Cependant apres y avoir bien pensé, je trouve qu'on ne sauroit trop plaire, & qu'il faut exceller si l'on peut dans les choses qu'on entreprend, ou ne s'en pas méler; mais principalement tout ce qui n'est point necessaire, & qui ne tend qu'à donner du plaisir, ne sauroit étre d'une maniere trop aimable ni trop parfaite: & puis il me semble que selon qu'une Dame est plus ou moins agreable, on en parle aussi plus ou moins avantageusement, & que tout le reste est compté pour peu de chose.

Lors qu'on est malade ou qu'on a du chagrin & de l'embarras, on ne trouve que peu de chose à son gout. Il faut avoir bien des égards, bien de l'adresse & de l'invention, mais principalement beaucoup de douceur, pour plaire aux personnes qui sont en cet estat-là. Le plus habile ne sait quelquefois par où s'y prendre; & ce qui me semble de meilleur en pareille occasion, c'est de leur faire sentir sans le dire, ou du moins sans les engager à des civilitez ennuyeuses, qu'on ne les voit que pour les servir, & qu'on n'a rien de cher pour cela.

Il faut avoir un grand soin de ce qui reüssit le mieux, on le rencontre souvent quand on le cherche; cependant il ne faut pas temoigner de s'en mettre en peine, & quoy que le soin soit deviné, pourveu qu'il ne soit pas visible il ne peut nuire; car c'est l'empressement qui déplait.

Cette maniere qui semble negligée fait excuser ceux qui n'ont pas atteint la perfection:
&

& quand on excelle, elle donne à penser qu'on pourroit aller plus loin ; c'est une tromperie obligeante qui ne tend qu'a rendre la vie heureuse.

Cette grande recherche de la bien-seance fait de bons effets jusques dans les moindres façons de parler. Et ce qui merite bien d'être remarqué, c'est qu'un mot s'employe agreablement dans une rencontre, & qu'il sied fort mal dans une autre. Beaucoup de gens en parlant d'eux mêmes se servent de ce mot, on, & je voi qu'une Dame dira plûtôt, On ne vous hait pas, on vous aime, qu'elle ne dira ; Je ne vous hai pas, ou je vous aime ; & parce que cette expression vient de modestie, elle ne peut avoir que fort bonne grace. Mais si c'est une fausse finesse, comme *on pretend, on n'en demeure pas d'accord*, elle est bien des-agreable ; & je connois des personnes qui ne la peuvent souffrir. Mais quelque soin qu'on ait de ne rien faire qui déplaise, il faut avoir de la confiance. Car celui qui croit que le personnage qu'il joue lui sied mal, ne le sauroit bien jouer : il en est comme de la mauvaise honte qui craint de rougir, la couleur lui monte au visage : & qui se défie d'avoir de la grace, ne l'a jamais bonne.

Je connois des gens qui plaisent par quelque maniere agreable, & par quelque apparence d'honnêteté, quand on ne les voit qu'en passant ou dans la foule ; mais qu'on hait bien si-tôt qu'on les pratique en particulier. Cela leur vient d'un naturel dur, envieux, bizarre,

bizarre, ingrat, contrariant, reservé, soupçonneux, orgueilleux, & particulierement de ce qu'ils n'estiment les bonnes qualitez que pour faire du bruit. J'ai prédit à quelques-uns de cette trempe que de leur vie ils ne seroient aimez de personne, & je ne m'entens pas mal en de pareilles conjectures.

Il se faut défaire des préventions pour bien juger des Agrémens : & j'appelle prévention ce qui fait pancher plûtôt d'un côté que d'un autre, & qui n'est pas du sujet qu'on regarde. Car la reputation, la beauté, l'amour, la fortune, les habits, la magnificence, & leurs contraires qui font des effets differens, empêchent presque toûjours de connoître la juste valeur de ce qu'on examine. Et pour moi quand je lis Platon ou le Tasse, & que je veux juger sainement de l'endroit où je tombe, je n'ai pas plus d'égard à ces grands noms, que si je lisois les . . . . & les . . . . . . de . . . . Et lors que je vous entens parler, Madame, & que vous me demandez mon sentiment de certaines choses que vous dites, j'oublie ce que vous avez d'ailleurs qui plaît tant, comme si j'écoutois, Madame de ✳✳✳. Mais au contraire pour bien juger d'une personne agreable, on ne doit pas considerer separement ce qui plait en elle; car pour en connoître le prix il faut la regarder toute entiere comme un tableau. Une femme fort bien-faite ne paroît pas si belle seule que lors qu'elle se montre parmi d'autres personnes qui ne sont pas belles. Mais il n'en va pas ainsi

ainsi des choses qui plaisent dans un même sujet : elles se font de l'honneur l'une à l'autre en s'assemblant ; & quand la bouche est belle on en trouve la taille plus à son gré : comme aussi une Dame qui rit de bonne grace, s'il arrive qu'elle parle impertinemment, ce qu'elle dit nuit beaucoup à son rire. De sorte que pour plaire, quoi qu'on ne puisse être trop exquis, il semble neanmoins qu'on n'y doit pas tant songer qu'à n'avoir rien de choquant. Mais quand on s'est asseuré de ce côté-là, il faut exceller si l'on peut en tout ce qui se presente, & considerer de tems & tems l'idée de la perfection.

Quoi qu'une chose soit belle & reguliere, à moins qu'on ne puisse dire qu'elle est agreable, ceux qui ont le gout fin la laissent volontiers après l'avoir loüée, & je ne voi rien qui soit plus avantageux à toutes sortes d'ouvrages, & même à toutes les actions de la vie, que de plaire & d'être de bon air. Les personnes qui jugent bien de ces choses qui regardent les Agrémens, ne se trompent guere dans les autres, & c'est un grand avantage que de bien juger de tout ; car quand on rebutte une bonne chose, on témoigne par là qu'on ne s'y connoit pas, ou qu'on est injuste : & d'en approuver une mauvaise, c'est encore pis, parce qu'on seroit capable de la faire si l'occasion s'en pretoit. Mais il sied bien d'excuser le plus souvent ce qui déplait, & même de n'en rien dire.

La grande beauté commence à paroître
dans

dans la grande jeunesse, mais il arrive peu que le parfait Agrément s'y fasse remarquer; & je voi que les jeunes gens ont d'ordinaire mauvaise grace. Consider̀ez ces jeunes Comediens, quoi que beaux & bien faits, à peine les peut-on souffrir. Et prenez garde aussi que les plus belles femmes ne sont pas si dangeureuses quand elles sont si jeunes, que dans un âge plus avancé. Si elles perdent d'un côté elles gagnent d'un autre, & ce qu'elles gagnent les fait aimer. Mais d'où vient que les jeunes gens n'ont point de grace ? C'est qu'un jeune homme ne sait que fort peu de chose, & qu'il est encore Ecolier en tout : s'il parle il ne sait ce qu'il dit, & s'il agit il ne sait par où s'y prendre, de sorte qu'il ne faut pas s'étonner s'il a peu de grace. Car on remarque bien dans la plûpart des choses que le bon air & les vrais Agrémens dependent fort d'un beau genie & d'une disposition naturelle : mais on ne les voit jamais en perfection que dans un art consommé ; & cet art ne se peut acquerir qu'en pratiquant les meilleures voyes & par une longue habitude.

Il me semble que plus les parties dont une chose est composée sont comme il faut, plus elle est agreable : je dis plus elles sont comme il faut, & non pas plus elles sont belles. Car on ne les doit pas examiner tout-à-fait en elles mêmes, mais par un juste rapport qui montre qu'elles sont faites les unes pour les autres. Cette femme dit-on, n'est pas effectivement comme on voudroit mais peut-on voir un plus beau

beau teint ou de plus beaux cheveux. Cela peut éblouïr de jeunes gens, mais ceux qui s'y connoissent ne l'en trouvent que moins à leur gré. On peut bien aimer une personne qui n'a rien de beau ni de laid, mais à mon sens c'est un grand malheur que d'être belle & laide tout ensemble.

A moins que d'observer ces proportions on ne voit rien sans défaut; car tout ce qu'on fait & tout ce qu'on dit est une espèce d'Architecture: il y faut de la Symmetrie.

On a dit d'un Empereur qu'il étoit plus beau qu'agreable, & je croi qu'il vaudroit mieux être fait comme Esope, que de ressembler à cet Empereur. Car cet Esope quoi qu'il n'eut pas les traits du visage bien reguliers, & qu'il fût d'une taille mal ordonnée, on dit que sa mine réjoüissoit: & puis on voit assez par ses inventions qu'il étoit de bonne compagnie.

Les Dames qui songent plus à devenir belles qu'agreables, sont mal conseillées: quand cela leur arrive, c'est le plus mauvais moien du monde pour se faire aimer long-temps. Car dés qu'on possede une belle chose, il arrive pour l'ordinaire qu'on ne l'estime plus tant; & delà vient que la plûpart du monde ne sait ni goûter son bonheur ni se servir de ses avantages. Mais il n'en va pas ainsi d'une chose agreable; En effet lors qu'on aime une femme parce qu'elle est belle, cet amour passe quelquefois bien vite: mais quand ce sont de vrais & de profonds Agrémens qui font naître l'affection, on n'en revient pas de la forte; & d'ordinaire plus on a de faveur plus on est charmé. Je croirois même que celles qui pourroient plaire sans être belles, ne devroient pas tant souhaiter de l'être, & que la beauté, pour le moins la grande & l'extrême, leur pourroit être inutile & même nuisible, parce qu'elle étouffe & qu'elle accable : au lieu qu'une personne bien faite, bien formée & que les graces suivent par tout, est toûjours aimable. Et d'où vient qu'on aimoit tant ces manieres d'Athenes ? C'est qu'il y avoit peu de cette grande beauté si éclatante, & beaucoup de celle qu'on ne fait qu'entrevoir. Cette beauté si rayonnante est presque toûjours fausse ; & ce qui fait qu'on s'en dégoûte à la longue, quoi que d'abord on y soit pris, c'est premierement, comme je viens de dire, qu'elle occupe trop & qu'on ne veut pas être long-tems éblouï. D'ailleurs on s'ennuye aisément de n'avoir devant les yeux qu'une même chose, & cette sorte de beauté se presente toûjours également : quand on l'a veuë une fois on n'y découvre plus rien qui surprenne, mais un grand fonds d'Agrémens ne se peut épuiser, il en sort toûjours de nouveaux qu'on n'avoit pas apperceus. C'est ce qui ranime & qui fait qu'on ne s'en lasse point.

Il me semble que la cause de ces vrais Agrémens consiste en ce que les choses sont dans une grande perfection, & faites les unes pour les autres : mais il faut principalement

que

que l'éclat en soit bien temperé, & qu'on les aime encore un peu mieux à la seconde veuë qu'à la premiere. Quelques-uns disent que cela ne dépend que du gout, & ce sont de ces raisons qui n'apprennent rien. Il depend bien du gout d'être touché comme on doit de tout ce qui se presente, & peu de gens ont le gout bon. Mais peut-il dépendre du gout qu'une chose soit ce qu'elle est, qu'elle soit ronde ou en ovale, qu'elle soit blanche ou noire ou de quelque autre couleur? Les autres sont persuadez que la perfection n'y sert de rien, & que cela vient de si peu de chose qu'on ne sait ce que c'est. Ce sont encore de ces discours qui ne rendent pas plus habile; car la difference qui se trouve entre deux choses, dont l'une excelle par dessus l'autre, n'est pas toûjours si visible que tout le monde la puisse connoître, quoi que tout le monde en puisse être differemment touché. Car bien souvent le sentiment est plus subtil & plus penetrant que l'esprit. De sorte que pour faire aimer tout ce qu'on fait & tout ce qu'on dit, on ne sauroit être assez persuadé que la beauté qui n'a point de grace n'est pas faite pour être aimée, & que les choses qui plaisent sans être belles, sont plus à rechercher que celles qui sont belles sans Agrément.

Le contraire de cette beauté qui n'est pas piquante, est un certain sel, dont les Anciens ont tant parlé; on en tire de grands avantages pour les moindres actions de la vie. C'est ce qui fait qu'on ne se lasse point des honnêtes gens d'un haut mérite, qu'on se plait à tout ce qu'on en voit, & même à tout ce que le monde en rapporte, qu'on les souhaite pour amis, & quelquefois même pour ennemis, parce qu'on est bien-aise, de quelque façon que ce soit, d'avoir affaire à des personnes de ce prix-là. Car il ne faut pas s'imaginer que ce soit ne sai quoi de superficiel ; c'est un grand fonds de qualitez exquises qui se répand de tous côtez, & qui fait qu'on aime encore Alcibiade, Cleopatre, & d'autres personnes rares qu'on n'a jamais veuës.

Il sera bon d'observer que plus on a de talent, & de connoissance plus on trouve d'occasions de se rendre agreable. Ainsi la Peinture, la Sculpture, l'Architecture, la décoration, & les ornemens des Palais, la Musique, la Poësie, les Carrousels, les exercices, les grands festins, les façons de se parer, & tant d'autres choses qui n'ont pour principal but but que la magnificence & les Agrémens ne sont pas inutiles pour plaire, & même en tout ce qu'on fait de moins considerable. Car toutes les choses qu'on trouve à son gré, ont quelque rapport entre elles, du moins en ce qui fait qu'on les trouve à son gré, & le gout qu'on prend de ce qui plait dans une chose, donne à connoître ce qui doit plaire dans une autre ; & comme il faut qu'elle soit pour être agreable. De sorte que c'est un grand avantage de se connoître à tout ce que je viens de dire, & d'avoir observé les manieres de ceux qui s'y sont rendus admirables.

Ce qui fait le plus souvent qu'on déplait,

plaift, c'est qu'on cherche à plaire, & qu'on en prend le contrepied. Cette remarque est vraye en toutes les choses du monde ; car ce dessein de plaire, & je ne sçay quelle curiosité qui tend à cela, mais qui n'en connoist pas les moyens, est pour l'ordinaire ce qui choque le plus. Dire de bons mots qui ne sont pas bons, user de belles façons de parler qui ne sont pas belles, faire de mauvaises railleries, se parer de faux ornemens, & s'ajuster de mauvaise grace, on voit bien que cela ne tend qu'à divertir ou qu'à se rendre agreable : & c'est la plus seure voye pour se faire moquer de soy. Le meilleur avis qu'on puisse prendre, c'est de ne rechercher que ce qu'on est asseuré qui qui sied bien. Encore ne faut il pas qu'il y paroisse d'affectation. Il y a peu de femmes qui s'y connoissent. Celle-cy veut être plus blanche que la parfaite beauté ne le souffre, & si elle étoit un peu rembrunie, on l'en trouveroit plus aimable. Cette autre ne sçauroit paroître assez blonde, & peut-être que les cheveux noirs luy viendroient mieux. Cette autre croiroit charmer le monde si elle pouvoit devenir plus douce, plus retenuë & plus enfant qu'une Poupée; & la plus-part pour être de bonne compagnie ne cherchent que les manieres de la Cour. Mais ces manieres quand elles sont sans esprit, sont plus lassantes que celles de la campagne.

J'en connois aussi qui veulent trop de parure & qui sont plus aises d'être riches que belles. Les grands ornemens nuisent quelquefois à la beauté. Quand une belle femme

F 6   est

est si parée, on n'en connoit bien que les habits & les pierreries, du moins c'est ce qu'on a le plus regardé. Ce n'est pas juger de ce qui seroit le plus avantageux, & je suis asseuré qu'un excellent peintre qui sauroit le plus fin du mestier n'en useroit pàs de la sorte, s'il vouloit faire aimer la beauté d'une femme ou d'une Deesse, & qu'il se garderoit bien de mettre sur sa personne ny mesme dans le tableau, rien de trop éclatant qui pût attacher la veuë ou la pensée.

Je trouve aussi que parmy tant d'hommes qui voudroient plaire, ceux qui prennent les bonnes voyes, ne sont pas en grand nombre. Les uns ne cherchent qu'à se rendre agreables par de bons mots, & n'en perdent jamais la moindre occasion, sans conter pour rien que l'on s'en lasse en peu de temps; ils courent fortune d'en dire de fort mauvais. Il faut avoir l'esprit bien juste & le goût bien confirmé, pour en dire souvent qui fassent de bons effets; & je prens garde qu'un faux bon mot apporte plus de honte à celuy qui le dit, que vingt bons mots ne luy font d'honneur. Quelques autres sans dire de bons mots, ne laissent pas de vouloir être plaisans. Il en vient de N. en abondance. Et si Madame de *** y donnoit ordre, elle obligeroit beaucoup de gens. Il en vient aussi d'ailleurs, & celuy que vous sçavez qui passoit pour le plus agreable homme de la Cour, étoit persuadé qu'on ne sçauroit plaire sensiblement que par la plaisanterie, & je l'eusse averty s'il m'en eut voulu croire, non pas qu'il y a des gens bien

bien serieux, & d'une gravité exemplaire; car on les fait quelquefois plûtôt rire que les autres; mais qu'il y a des occasions si tristes que la meilleure chose pour peu qu'elle fût enjoüée, y seroit mal receuë. Je l'eusse encore averti qu'il faut prendre son tems pour faire rire, & que même dans la bonne chere, où tout semble être fait pour apporter de la joye, une plaisanterie peut venir mal à propos.

J'en connois d'autres qui ne veulent plaire que par la galanterie, & ceux là n'entreprennent pas une affaire bien aisée. Car outre que la galanterie est fort sujette à être fausse, & que la Cour de France s'y connoît mieux que les autres Cours, il faut tant d'esprit, & tant d'invention pour atteindre à celle qui plait aux personnes de bon gout, qu'on ne trouve rien de plus mal aisé.

Vous voulez savoir, disoit un ancien Grec à un de ses amis, pourquoi j'alleguë si souvent Alcibiade, & d'où vient que j'en faisant d'estime. Vous me demandez s'il excelle en quelque chose de particulier, s'il sait bien ce qu'on apprend des Philosophes, s'il est adroit aux exercices, s'il est capable de commander une armée, ou de gouverneur un état. A cela je l'ai rien à vous répondre si ce n'est que je l'ai longtems pratiqué parmi les Atheniens, que je l'ai étudié auprés de la Reine de Lacedemone, & à la Cour du Roi de Perse, mais que dans les Cours & dans les Republiques, auprès des Rois & des Reines, parmi les Courtisans & les Dames, je l'ay veu de tout & des premiers, qu'il avoit je ne sçay quoy de brillant, qui le distinguoit en quelque lieu qu'il fut, & je ne sçay quoy d'accommodant qui le faisoit citoyen de toutes les Villes. Je vous asseure aussi que je n'ay rien remarqué dans ses discours ny dans ses actions, qui ne m'ait extrémément plû, & que c'est l'homme que je connoisse à qui j'aimerois le mieux ressembler.

Peut-être, Madame, que ce ne seroit pas un mauvais modele pour de jeunes gens, qui le pourroient imiter: car avec ces belles qualitez, il étoit encore fort brave. Il faloit comme on en parle, qu'il eut bien de cette maniere galante, ou si peu de gens ont reüssi.

Le plus fâcheux inconvenient que je remarque dans la galanterie, c'est que pour l'ordinaire elle est fausse: & quoyque la fausseté soit par tout desagreable, c'est principalement dans la galanterie qu'on ne la peut souffrir. Pour être veritable & comme elle doit être, il faut qu'elle se pratique d'une maniere qui plaise, & de plus qu'elle soit bien naturelle. Car ce n'est pas assez de faire une chose galamment & de bonne grace, à moins qu'elle ne parte du cœur, parce qu'autrement ce n'est qu'un personnage qu'on joüe, & qu'on se dement à la premiere occasion: de sorte que ce qu'on a fait galamment, n'étant pas soutenu ne paroit plus galant, & cela fait dire que la galanterie est fausse. Il ne suffit pas non plus qu'elle soit naturelle, il y faut de l'addresse & de l'esprit, l'action ne veut être ny grossiere ny commune: elle doit plaire aux personnes qui sçavent juger; car

le

le but de la galanterie est de plaire, & méme d'un tour surprenant ; & quand elle ne plait point, on peut conclure qu'elle est fausse.

Lorsqu'on a quelque interest à démêler avec des gens qu'on estime, & méme avec une femme qu'on aime, il me semble que quand on n'auroit égard qu'à la bien-seance, elle veut qu'on agisse solidement, & que l'extréme galanterie y seroit trop superficielle. Méme les Dames les plus galantes ne s'y plaisent pas en ces occasion : & je prens garde qu'on les oblige bien plus de relâcher tant soit peu de ses droits avec un visage content qui leur témoigne qu'on les considere, que de leur abandonner tout, & leur donner du soupçon que la vanité s'y méle.

On peut encore observer qu'il y a deux sortes de galanterie. L'une vient purement de l'esprit & de l'honnéteté, c'est la moins commune, la plus excellente & celle qui plaît toûjours aux gens qui s'y connoissent. L'autre paroit dans les habits, dans les modes, dans les Bals, dans les Carrousels, dans les courses de Bagüe, & dans les aventures d'amour & de guerre. Les jeunes personnes qui n'ont pas encore de gout, aiment bien cette galanterie, qui n'est pas difficile, & qu'on peut acquerir sans être honnéte homme. Ces deux manieres de galanterie subsistent separement, & plaisent plus ou moins, selon le temperament de ceux qui les considerent ; mais quand elles sont ensemble, elles se donnent si bon air l'une à l'autre qu'on ne voit rien de plus agreable.

C'est

C'est je ne sai quoi de cette galanterie d'aventures qui rendoit Alexandre si brillant. Il avoit une ambition démesurée qui lui faisoit tout hazarder, & le monde se plait aux entreprises surprenantes. Cela le fait encore aimer de beaucoup de personnes qui ne jugent pas sainement ; car ce grand Prince tenoit bien-fort de ces Conquerans qui ne s'attachent qu'à leur métier, & qui negligent tout le reste.

Les Mores sont fort galans de cette espece de galanterie, & ce sont eux à ce qu'on dit, qui l'ont bien connuë, & principalement ceux de Grenade. Leur Historien témoigne assez que cette Cour ne pensoit qu'à se faire aimer par la galanterie : & sans mentir leurs habits & leurs Carrouzels étoient fort galans, mais leur façon de vivre & de converser n'étoit pas ordinairement si bien imaginée ; & ce qui m'en plait le moins ce sont ces couleurs qui signifioient tant de choses. Car si quelqu'un avoit du verd, quelqu'autre ne manquoit pas de lui parler de ses esperances. De sorte que leurs entretiens ne faisoient point d'honneur à leurs Carrousels ; & je croi que la bonne galanterie n'est autre chose que la parfaite honnêteté, accompagnée des vrais Agremens en tout ce qu'elle fait ou qu'elle dit, & d'une maniere noble & délicate.

Il me semble aussi que pour être galant d'un air qui plaise, il faut l'être encore plus en effet qu'en apparence, & ne rien sentir en son cœur qui s'y veüille opposer : car le combat des
pas-

passions sied mal en pareille rencontre. Il n'en va pas de la sorte en ce qui regarde l'honneur. Un homme pour aller servir son Prince, ou le Prince meme pour l'interest de sa gloire, est obligé de quitter la seule personne qui luy fait aimer la vie, & qui se desespere en ce depart; pourveu qu'en toutes les tendresses d'un adieu si sensible, il ait assez de force pour ne rien faire contre la bienseance : plus il est combattu plus il a de merite, & ceux qui s'en apperçoivent l'en estiment davantage.

Il seroit à souhaiter pour étre toûjours agreable, d'exceller en tout ce qui sied bien aux honnétes gens, sans neanmoins se piquer de rien : je veux dire sans rien faire qui ne s'offre de soy-meme, & sans rien dire qui puisse témoigner qu'on se veut faire valoir. Car les choses qui viennent d'elles-memes quand on s'en acquitte bien, ont toute une autre grace que celles qui semblent recherchées.

Celuy qui veut juger du prix de l'Agrement, & ne s'y pas tromper, en doit examiner la cause. Car il ne faut pas douter que les Agremens ne soient d'autant plus estimables que ce qui les produit est de plus grande valeur. Ainsi ceux qui viennent de l'excellence de l'esprit & de la parfaite honnéteté, sont au dessus de tous les autres. Et pour étre agreable comme on le doit souhaiter, il faut songer à plaire par des Agrémens qui ne lassent point. En verité tant d'hommes qui grondent contre la legereté des femmes, comme aussi tant de femmes qui de leur côté les accusent d'inconstance : en verité les uns ny les autres ne
se

se devroient plaindre que de ne pas avoir de ces Agrémens. Car il est certain qu'on ne les sauroit assez rechercher, & que plus on voit les personnes qui les ont, plus on aime. Si bien qu'une personne qui se fait aimer de la sorte, n'a rien à craindre qu'une longue absence, ou des Agrémens de plus haut prix. Il ne faut donc pas que les femmes prennent trop de confiance en leur beauté ni les hommes en leur bonne mine. C'est l'adresse & le tour de l'esprit qui font presque tout, pourveu que la personne n'ait rien de choquant. Cette aimable Reine d'Egypte avoit peu d'éclat, & de la sorte que le monde en parloit elle n'étoit pas si belle que d'abord on en fût surpris; mais quand on venoit à la considerer, c'étoit un charme: & ce fut par ses manieres delicates qu'elle tint Cesar trois ou quatre ans, comme enchanté; lui qui pour obtenir ce qui lui plaisoit n'avoit qu'à le vouloir; & qui d'ailleurs ne demeuroit pas volontiers en repos. Pour une preuve bien seure que c'étoit l'esprit qui faisoit tant souhaiter cette Princesse, c'est qu'Antoine qui pouvoit choisir aussi bien que Cesar, ne la vit que dans un âge où peu de femmes sont encore belles, & qu'il en devint si éperdument amoureux qu'il aima mieux renoncer à l'Empire du monde que de la perdre de veuë. Car ce ne fut pas Auguste qui le mit en desordre, ce fut un transport d'un homme accablé d'amour. En effet ce grand Capitaine qui par sa valeur s'étoit rendu si considerable, & qui avoit tant veu les ennemis, ne pensoit à rien moins qu'à prendre la fuite. Il étoit trop habile & de trop
grand

grand cœur, & l'occasion étoit trop importante; mais quand il s'apperçeut que la Reine se retiroit, & qu'elle prenoit la route d'Egypte, il ne songea plus qu'à elle, & ne pût s'empêcher de la suivre.

Helene par même voye
Aux rares beautez de son corps
Ajoustant de l'esprit les aimables thresors,
Causa l'embrasement de Troye.
Si son esprit n'eust eu des charmes
Ce peuple n'eust jamais voulu,
Contre le droit des gens d'un pouvoir absolu,
Pour la garder prendre les armes.
La Grece aussi l'eust oubliée
Entre les bras de son amant,
Mais elle se souvint de son esprit charmant,
Et la guerre fut publiée.

Il y a beaucoup d'apparence, Madame, que sa beauté n'étoit pas seule, puis que tous les Dieux se partagerent, pour la donner à ceux qu'ils favorisoient, & si elle n'eût eu que son visage, & sa taille, c'eût été leur faire un mediocre present. Je m'imagine que ce qu'ils estimoient en elle de plus haut prix, étoit l'adresse qu'elle avoit de plaire, & de se faire aimer par ses entretiens. Car je me souviens que les Divinitez de ce tems-là faisoient cas de l'éloquence, & qu'Ulisse en revenant de ce long Seige, passa chez deux Deesses, qui devinrent l'une aprés l'autre amoureuses de lui. Il n'étoit ni beau ni jeune, mais il savoit parler; & la premiere de ces Deesses qui se méloit

loit d'enchanter á peu pres comme Madame de *** fut elle-méme enchantée. Pour ce qui est de cette autre Deeſſe qui le receüt en ſon Palais, elle ſe plaiſoit tant à l'écouter que lors qu'il en prit congé elle fut deſeſperée, & ſouhaita plus de cent fois de pouvoir mourir.

Quoy qu'Homere ne s'étende pas ſur l'eloquence d'Helene, luy qui parle tant de celle d'Uliſſe, & de Neſtor; il ne laiſſe pas de faire ſentir par un myſtere de poëſie qu'on avoit du plaiſir à l'entendre; & voicy en peu de mots ce qui me le donne à penſer. Uliſſe fut long-temps apres la priſe de Troye ſans pouvoir revenir en ſon Iſle d'Itaque: Son fils Telemaque en étoit en peine, & pour ſçavoir s'il étoit mort ou vivant, il alla voir Neſtor qui ne luy put apprendre ce qu'il étoit devenu. Delà ce jeune homme continuant ſon voyage ſe rendit chez Menelas ou il vît Helene, & ſoupa avec elle. Il étoit fort triſte, & parce que cette Princeſſe en eut pitié, elle uſa d'un charme pour luy faire oublier tous ſes déplaiſirs. Ce charme, dit Homere, étoit une liqueur qu'elle verſa dans le vin avant que de ſe mettre à table, & ce breuvage étoit ſi puiſſant qu'apres en avoir goûté, il étoit impoſſible de répandre une larme de tout ce jour-là. Elle avoit encore un beau ſecret qu'elle tenoit de la Deeſſe des Graces Vous ſçavez qu'il n'y a point de Dame qui puiſſe imiter le ſon de vos paroles: Mais ſi elle vous eut obſervée, elle eut ſi parfaitement pris vos tons & vos manieres, qu'on l'eut priſe pour vous.

Il me ſemble que pour juger ſainement ſi
une

une chose est agreable, on ne la doit considerer qu'en elle mesme. Une belle femme & de bon air ne laisse pas d'avoir de la grace à parler, quoy qu'elle n'y soit pas fort habile ; & si elle vouloit qu'on l'en avertist pour s'y perfectionner, il ne faudroit qu'examiner ce qu'elle diroit, & sa maniere de le dire sans prendre garde qu'à cela. C'est un grand avantage pour ne s'abuser en rien que de pouvoir regarder les choses comme elles sont, sans avoir égard à celles qui les environnent. Car tout ce qu'on voit s'embellit ou s'enlaidit de la beauté ou de la laideur de ce qui l'accompagne, au moins dans un même sujet. De beaux yeux rendent la bouche plus agreable, & si le teint n'est pas comme on veut, le tour du visage en plaira moins. Si bien que la moindre circonstance impose, & que pour ne se pas tromper en ce qui plait ou qui déplait, on a besoin d'un discernement bien juste. J'en ay déja parlé, mais il est bon quelquefois pour mieux faire comprendre une chose, de la toucher à diverses reprises ; car un endroit peut éclaircir un autre endroit, où l'on n'en dit pas assez pour être tout-à-fait entendu : & bien souvent c'est de dessein que l'on n'en dit pas assez, parce que la pluspart s'ennuyent d'être long-temps sur un même sujet, à moins qu'on ne l'égaye & qu'on n'y découvre de nouvelles veuës.

Je connois des personnes qui seroient d'avis que pour être agreable & même pour vivre heureusement on n'eut point de passions. Il y a même eu des gens fort severes, mais de peu de sens,

sens, qui se sont autrefois imaginez qu'elles sont toutes mauvaises. Mais elles sont ordinairement si bonnes, que tant s'en faut qu'on les doive retrancher, on fait bien d'en augmenter le nombre, & d'être touché de tout ce qui plait aux personnes raisonnables. Car si peu qu'on leur revienne d'ailleurs, c'est un moyen bien seur pour en être aimé. De sorte que quand on se pourroit défaire de toutes les passions, ce qui seroit assez difficile, il s'en faudroit pourtant bien garder, parce que celui qui ne souhaiteroit rien, & qui ne seroit sensible à quoi que ce soit, trouveroit la vie ennuyeuse, & déplairoit à tout le monde & à soi-même. D'ailleurs ce sont principalement, les passions qui font exceller les meilleurs ouvriers. Car quand on le veut ardemment, on en cherche les plus seurs moyens. Et c'est par ce grand soin qu'on se rend habile en tout ce qu'on entreprend.

Mais comme il y a des passions qui donnent bon air, & qui sont à rechercher, on en remarque d'autres qui le donnent mauvais, & qui nuisent toûjours. La honnête & spirituelle se fait aimer ; & l'humeur aspre & grondeuse est en aversion. La colere ne sied pas mal lorsqu'elle est raisonnable & proportionnée au sujet qu'on a de s'emporter. La tristesse aussi, pourveu qu'elle soit douce, & que le merite l'accompagne, peut faire de bons effets. Elle inspire la tendresse, & quelquefois on est plus aise de voir les personnes les plus melancholiques que les plus enjoüées. Mais le chagrin, c'est à dire la tristesse & la colere quand elles sont font enfemble ne produifent rien d'agreable. C'eſt qu'elles s'ôtent reciproquement l'une à l'autre ce qu'on leur trouve de bon, lorſqu'on les voit feparées. Car la colere empêche d'avoir pitié de la triſteſſe, à cauſe qu'elle donne à penſer que la triſteſſe veut nuire, & la triſteſſe auſſi témoigne que la colere eſt timide, & qu'elle deſeſpere de ſe pouvoir venger. L'avarice rend mépriſable tout ce qu'on a de meilleur; & l'envie eſt une marque d'un méchant cœur, & d'un eſprit de peu d'etenduë.

L'émulation même ſied mal, parce qu'elle approche de l'imitation, & qu'on n'admire pas les imitateurs. Car il ſe faut ſouvenir que les paſſions ſe répandent ſur tout ce qu'on fait ou qu'on dit; & ſelon que celui qui les conſidere les aime ou les hait, il en ſent les effets ſur le viſage ou dans les actions, ou dans le diſcours des perſonnes qui ſe preſentent.

Il me ſemble que rien ne peut tant contribuer aux vrais Agremens que le deſſein de gagner une perſonne delicate, & qui connoît ce qui ſied le mieux. C'eſt par là que le cœur ſe remplit de nobles ſentimens, & l'eſprit d'agreables penſées. Je trouve une choſe qui merite bien d'être obſervée en cette affection douce & violente. C'eſt qu'elle rebute les ſubtilitez de l'eſprit, & ſurtout quand la triſteſſe s'y mêle. Mais les delicateſſe du cœur y ſont bien receuës, parce que la nature les inſpire, & qu'elles ne ſont pas recherchées, comme celles de l'eſprit. Tancrede qui ſe plaint ſi finement ſur le tombeau de Clorinde,

n'eſt

n'est plaint de personne ; & quelle tendresse n'eust il point causée, s'il n'y eut en que son sentiment qui se fust bien expliqué ? Mais pour les delicatesses du cœur, cette belle Princesse que vous sçavez qui cherche le plus brave des ennemis pour le tuër, le rencontre seul endormy, & comme elle s'en approche à dessein de s'en défaire, elle trouve en luy tant de grace qu'elle en devient amoureuse, & l'amour luy retient le bras ; mais ne pouvant sitost changer de resolution elle delibere si elle doit employer de grands coups pour ne le pas faire languir, ou de legeres blesseures pour le traiter moins rudement. C'est la tendresse qui donne ces divers égards qu'on se plaist à considerer parce qu'ils sont naturels, & que plus on aime plus le cœur se subtilise. C'est assez de cela pour connoistre ce qui doit plaire, ou qui peut choquer, & pour examiner ce qui peut nuire ou qui peut servir en tous les mouvemens de l'ame.

Il est fort à souhaiter d'avoir une grande connoissance des Agrémens, & de ce qui sied le mieux en toutes sortes de sujets & d'occasions. Sans cette connoissance quelque habile & sçavant qu'on soit d'ailleurs, on court toûjours fortune de faire beaucoup de choses de mauvaise grace, & la moindre faute contre la bien-seance, peut extrémément nuire aux personnes qui veulent plaire & se faire aimer. Ce n'est pas encore assez de se connoistre à ce qui sied le mieux, il faut essayer de le pratiquer, sur tout parmy les femmes qui sont naturellement galantes. Celles de

Paris ;

Paris; & des grandes Villes le font plus dans leur parure que dans leur façon de proceder; & celles qui vivent loin du monde le font moins dans leurs habits que dans leurs pensées. C'est qu'elles font plus de reflexions. Outre qu'on a fort bien observé que la solitude inspire l'amour, & cette passion dispose le cœur & l'esprit à cette sorte de galanterie qui ne paroit qu'à se communiquer agreablement.

Je connois des gens qui savent le monde & qui sont assez bien reccus, qu'on ne sauroit mener jusqu'à la connoissance de ce qui sied le mieux. Leur esprit demeure en chemin. Il s'en trouve d'autres qui vont par tout, & qui sentent les plus fines delicatesses qui se peuvent remarquer dans la bien-seance. Il ne tient qu'à ceux-ci d'en trouver la perfection. On en voit aussi, mais ils sont bien rares qui sont au dessus de la bien-seance, & qui la negligent souvent, parce qu'ils pensent des choses de plus haut prix. On ne laisse pas neanmoins de les aimer, & même d'en être charmé, comme on l'étoit de Socrate qu'on a veu quelquefois depuis le matin jusqu'au soir dans un profond silence, & comme ravi en lui-même; c'est qu'on juge bien que ce n'est que par distraction ou par caprice qu'ils ne font pas toûjours comme on les demanderoit: & puis le merite extraordinaire fait tout excuser.

C'est par le procedé d'honnête homme qu'on se rend agreable en disant de bonnes choses d'une maniere qui plaise; les bonnes choses

G font

sont ou jolies ou belles, les jolies donnent plus de joye, & les belles plus d'admiration; mais il faut qu'elles soient belles d'une vraye beauté Il y a toûjours dans les jolies choses je ne sai quoi qui réjoüit, & c'est ce qui fait qu'en toutes les Cours elles sont bien receuës. Mais il se rencontre aisément que les belles choses qu'on dit ne sont point belles: ce n'est bien souvent que du fard, & je n'en voi guere dire de celles-là qu'à des gens qui ont beaucoup de lecture & peu d'esprit. Mais quand elles sont belles d'une veritable beauté, elles tiennent le premier rang. Ce n'est pas qu'il n'y ait du faux dans les jolies choses comme dans les belles, mais on le remarque en moins de rien, & ce qui fait qu'on se trompe bien plus facilement à juger d'une belle chose, celle qui n'est que jolie a peu d'éclat, elle laisse la veuë & le jugement libres.

Qui voudroit examiner tous les moyens pour se rendre agreable n'auroit pas sitôt fait, mais il est certain qu'il n'y a pas une bonne qualité qui n'y contribuë. Il faut donc que les personnes qui veulent plaire tachent de se perfectionner en ce qui regarde le commerce du monde. Car il ne faut pas s'imaginer que l'Agrement vienne sans qu'on l'appelle: il n'y a rien, selon que j'en puis juger, où la bonne nourriture ait tant de part, ni rien que je sache à quoi les meilleur maîtres soient plus necessaires.

Je remarque aussi que ce n'est pas assez de ne faire que des actions d'honnéte homme, & de n'étre ni fripon ni médisant, ni mocqueur, ni ni leger, ni lache, ni menteur, ni ingrat, ni rien de tout ce qui choque les bonnes mœurs; mais que si l'inclination ou la pente y est tournée, il faut faire tous ses efforts pour changer ce mauvais naturel, & se rendre le cœur comme l'ont ceux qui sont les mieux nez. Car encore qu'on ne fasse jamais les actions d'un fourbe, d'un envieux, ou d'un méchant, si le naturel y panche, il en paroît je ne sai quoi sur le visage qui sied toûjours mal.

Un grand Phisionomiste qui jugeoit des mœurs par les apparences du corps, un jour envisageant Socrate que la Grèce regardoit comme un exemple de bonté, le prit pour un méchant homme, & le dit sans rien déguiser. Tout le monde s'écria contre un jugement qui sembloit si faux & si temeraire. Mais Socrate appaisa la multitude, & dit avec sa franchise ordinaire qu'il étoit né fort méchant, mais qu'il avoit eu recours à la vertu. Si donc Socrate se fût défait de cette inclination qui le portoit à être méchant, le Phisionomiste n'en eût pas fait un jugement si desavantageux, & Socrate eut été plus agreable. Car il sied mal de paroître un méchant homme quoy qu'on n'en fasse pas les actions, & qu'en effet on ne le soit pas.

F I N.

DE LA JUSTESSE.

A MADAME L. M. D. C.

TOut le monde vous loüe, MADAME, au moins je ne voi personne qui ne demeure d'accord que vous avez de l'esprit. On en remarque partout la délicatesse & l'agrément. Mais je ne sai si quelque autre que moi en connoit bien la hauteur & l'étenduë; Vous n'avez point de sujets affectez pour le faire paroître, vous parlez & jugez de tout également bien, & j'admire principalement cette extrême justesse que vous avez à penser & à dire ce qu'il faut sur tout ce qui se presente. Nous parlâmes de cette justesse la derniere fois que j'eus l'honneur de vous voir, & nous convinmes qu'il n'y avoit rien de rare. Je vous dis même que ceux qui avoient l'esprit le plus juste y faisoient des fautes, & que je ne croiois pas qu'on me pût citer un autheur qui en fût exent. Et quoi, me dites vous alors, Voiture ne l'est-il point ? Je vous répondis, ce me semble, qu'il étoit vrai qu'il avoit l'esprit fort juste, & que neantmoins je m'étois apperceu que par negligence ou autrement il ne s'étoit pas toûjours servi de cette justesse bien exacte, depuis en le lisant j'ai repassé sur les endroits que j'avois observez, & je vous en repporterai quelques uns si vous avez du tems pour les lire.

Il y a deux sortes de justesse: l'une paroît dans le bon temperament qui se trouve entre l'excés & le defaut. Elle depend moins de l'esprit & de l'intelligence que du gout & du sentiment; & quand l'esprit y contribue on peut dire (si vous me permettez de le dire ainsi) que c'est un esprit de gout & de sentiment: je n'ai point d'autres termes pour expliquer plus clairement, ce je ne sai quoi de sage & d'habile qui connoît par-tout la bien seance, qui ne souffre pas que l'on fasse trop grand, ou trop petit, ce qui veut être grand, ou petit; & qui fait sentir en chaque chose les mesures qu'il y faut garder. Quand on y remarque des fautes, il n'est pas aisé d'en convaincre ceux qui les font, parce qu'il est impossible d'en donner des regles bien assurées; car outre qu'elle s'occupe sur des sujets qui changent de moment en moment, elle de-depend encore de certaines circonstances, qui ne sont quasi jamais les mêmes. Il me semble que pour l'acquerir il faut être d'abord extremement docile, & consulter le plus qu'on peut ceux qui en jugent bien. Ensuite on s'acheve par l'experience du monde & dans le commerce des personnes qui la savent pratiquer.

L'autre Justesse consiste dans le vrai rapport que doit avoir une chose avec une autre, soit qu'on les assemble & qu'on les oppose; & celle-ci vient du bons sens & de la droite raison: pour peu qu'on y manque ceux qui ont le sens net y prennent garde, ou du moins ils en sont persuadez si-tôt qu'on les en avertit. C'est que cette sorte de justesse s'exerce sur la verité simple & nue, qui n'est point sujette au plus ni au moins, & qui demeure toûjours ce qu'elle est. Je croi que pour y faire du progrés, & pour en trouver la perfection, il faut essayer premierement de connoître les choses, en suite mettre à part celles qui ne veulent pas être ensemble, & surtout prendre bien garde de ne pas tirer de mauvaises consequences.

Que ces deux sortes de justesse comprennent de choses! Qu'il y auroit à discourir! Qu'il y auroit d'exemples & de comparaisons à donner, soit pour expliquer plus clairement ce que c'est, ou pour en connoître le prix. Mais ce seroit pécher contre cette premiere justesse qui ne veut rien de trop ni de trop peu, que de faire un si long discours sur ce petit nombre d'observations que vous allez voir, & qui d'ailleurs seront assez intelligibles sans prendre ces devans là. Je pourrois remarquer beaucoup de fautes que Voiture a faites dans cette premiere justesse, & méme j'en trouverois un plus grand nombre que dans la seconde: je ne m'y arresterai pourtant guere, & je passerai legerement par dessus à cause que cette premiere justesse depend fort du gout; Car vous savez que les gouts sont si differens que bien loin d'en convenir toûjours avec les autres, il arrive souvent qu'on ne s'en accorde pas avec soi-meme, & quand les choses de cette nature sont tant soit peu balancées, les plus habiles ne savent la-plufpart du tems à quoi s'en tenir. Je ne m'attacherai donc qu'à cette autre justesse qui n'entre guere en dispute parmi ceux qui ont le sens clair & net.

VOI-

VOITURE souhaitoit dans une lettre qu'il écrivoit à Mademoiselle Paulet qu'elle fit des civilitez pour lui à quelque personne qui l'avoit obligé, & voyez de quelle maniere il s'explique. "Puisque cette obligation merite des graces infinies je vous supplie tres-humblement de vouloir emploier les vôtres pour la reconnoître." On comprend assez que meriter des graces infinies, c'est meriter beaucoup de remercimens, mais la priant d'employer les siennes, on ne sait ce qu'il veut qu'elle employe : s'il entend par là ses remercimens il y a bien peu de sens ce me semble ; que si le mot de graces est mis là pour agrément, j'y trouve encore moins de raison, à cause que ce mot, les vôtres, se doit raporter, à graces qui précede, & qui en cet endroit ne sauroit signifier autre chose que remercimens.

Il s'est jetté dans le même embarras en écrivant à Madame la duchesse de Montausier. "Puisque l'honneur que vous me faites de m'aimer est la premiere consideration qui m'a donné quelque part en ses bonnes graces je vous supplie tres-humblement de m'aider à lui rendre celles que je lui dois." S'il vouloit dire ses bonnes graces, il n'avoit qu'à bien aimer cette personne pour s'acquiter de ce côté là ; & le secours de Madame la Duchesse lui étoit inutile : pour moi je n'y comprens rien.

Il écrivoit à Balzac. "Toutes ces gentillesses que j'admire dans vôtre lettre, me sont des preuves de vôtre bon esprit plûtôt

tôt que de vôtre bonne volonté. " C'est une faute contre la justesse d'opposer le bon esprit à la bonne volonté, mais parcequ'on pourroit prendre cela comme un jeu de paroles qui feroit un autre défaut: Remarquez ce qu'il dit ailleurs en parlant d'une Dame Angloise. ,, Je sai qu'elle connoît en toutes les choses ce ,, qu'il y a de bon & de mauvais, & que toute ,, la bonté qui devroit être dans sa volonté est dans son jugement. " Ceux qui ne s'arrêtent qu'à l'apparence trouvent cela fort bien pensé, mais la pensée n'est pas juste : la bonté du jugement est une lumiere penetrante, un discernement ferme & solide, celle de la volonté n'est autre chose qu'une pente à la douceur, une inclination à bien faire ; & cela se comprend assez sans l'éclaircir d'avantage: ainsi ces deux sortes de bontez sont de differente nature, il ne faut ni les opposer ni les confondre, elles n'ont rien de commun que le nom.

Il a fait la même faute sur le stile fleuri de Monsieur Gaudeau traitant ses fleurs de Rhetorique comme de veritables fleurs : Et voici ce que c'est. Monsieur Gaudeau étoit de la Cour de Mademoiselle de Bourbon, & parceque cette jeune Princesse étoit belle & brillante : ,, Ce sont ses rayons, dit Voiture, ,, qui vous font produire tant de fleurs, j'en ,, ai veu sur les derniers bords de l'Ocean, ,, & quoi qu'elles fussent venues de quatre ,, cens lieües, le teins ni le chemin ne ,, leur avoient rien fait perdre de leur éclat. ,, Il seroit bien difficile d'envoyer des violetes ou des roses dans un païs éloigné de quatre cens lieües, où elles fussent tout aussi fraîsches que le jour, qu'on les a cüeillies. Mais il n'en va pas ainsi des fleurs de Rhetorique, & quand on envoye de Paris un livre du stile de Monsieur Gaudeau, ce n'est pas une grande merveille qu'en le lisant à Tarse où à Tanger, il y paroisse de ces fleurs en l'état que l'autheur les y a mises. Et quel changement y pourroit il être arrivé sur le chemin, à moins que d'avoir corrompu le texte ? Ne m'avouërez vous pas, Madame, que c'est une faute contre la justesse, & même un jeu d'enfant & d'un tres-petit esprit ? Ce qui suit en approche fort.

Alcidalis étoit, si heureusement nay qu' une des moindres qualitez, qui fut en luy " étoit d'étre fils de Roy. " On peut bien dire qu'un homme est de grande qualité comme de grande naissance, l'usage le veut ainsi mais de confondre sous ce mot de qualité l'avantage d'être fils d'un grand Prince avec celui d'être bien fait, d'être brave, ou d'être honneste-homme, on s'en garde bien quand on entend ce qu'on dit. Il faloit employer un terme de plus d'etendue, & dire que ce qu'Alcidalis avoit de moins considerable étoit d'étre fils d'un Roy.

Il a fait encore un faux pas sur ce mot de qualité dans une lettre à Monsieur de Chaudebonne. C'est, dit il, un gentil-homme de con- " dition & lequel a toutes les autres quali- " tez qui font un honnete-homme. Ce " mot, les autres, confond la naissance &

le merite, il ne faloit pas le mettre, & pour écrire nettement je dirois; C'est un homme de condition, & qui d'ailleurs a toutes les qualitez qui font un honnéte homme. En cherchant cette justesse on s'accoûtume à discerner tout ce qui vient dans l'esprit, & je croi qu'on ne la sauroit trop rechercher, non pas pour faire de beaux discours ou de belles periodes, car on s'en passe aisément, mais pour ne se méprendre en rien, & ne pas tromper les autres.

Il introduit Callot un certain graveur pour encencer Madame la Marquise de Ramboüillet, & lui fait dire par ce Callot qu'elle a „ fait des desseins que Michel-Ange ne désavoüeroit pas, & que de plus elle a mis un „ ouvrage au monde qui feroit honte à la „ Minerve de Phidias, à savoir Madame la Duchesse de Montausier. On peut bien comparer une belle femme à une belle statue, & même décider que la femme est mieux proportionnée & plus accomplie; mais il n'y a pas assez de conformité de l'un à l'autre, pour en loüer la mere comme d'un chef-d'œuvre de sculpture qui s'est fait par les regles de l'art & par un travail de cinq ou six ans. Outre ce defaut de justesse, vous remarquerez s'il vous plait, Madame, que ce sont de fausses inventions, où vous le trouverez d'autant moins excusable si vous considerez qu'il pouvoit trouver d'assez beaux endroits dans le merite de la mere & de la fille, pour les bien loüer sans prendre ces détours extravagans. Du reste ce n'est pas bien dit, mettre un ouvrage au monde quoi qu'il entende par là qu'elle a mis une fille au monde. Car un mot qui s'applique à deux choses doit convenir à l'une & à lautre.

Il écrivoit à Mademoiselle Paulet ; "Il ne vous doit pourtant pas déplaire qu'on vous parle d'amour de si loin." Je n'en voi pas la raison, car on peut deplaire de loin comme de prés, soit qu'on parle d'amour ou d'autre chose. Je croi qu'il vouloit dire qu'elle n'avoit rien à craindre tant qu'on lui parleroit d'amour de si loin. Et à la méme : "Ne vous étonnez pas de m'ouïr dire si ouvertemet des galanteris, l'air de ce païs m'a donné je ne sai quoi de felon qui fait que je vous crains moins." Ce je ne sai quoi de felon convient bien à parler ouvertement & à ne pas craindre, mais il n'est guére propre à faire dire des galanteries ; & quand on écrit des choses si mélées, la justesse bien exacte ne souffre pas qu'on y mette rien qui ne se rapporte à tout.

On voit dans une autre de ses lettres : "Cet arbre, c'est à dire la palme ou le palmier, pour qui toute l'ancienne Grece a combattu, se trouve ici par tout, & il n'y a pas un habitant de cette coste qui n'en ait plus que tous les Cesars." Il y a ici deux grandes fautes contre la justesse : la premiere est qu'apres avoir parlé de l'ancienne Grece il faloit citer les Grecs comme Themistocle, Epaminondas ou Demetrius, & non pas les Romains & les Cesars. Le second defaut de justesse consiste en cela qu'il parle de la palme, comme si d'elle méme elle eut pû rendre un homme illustre, je ne croy pas qu'on ait besoin d'étre averti que ce n'étoit ni la palme ni le laurier, qui faisoit combattre les Grecs, & les Romains, mais qu'on leur donnoit des couronnes de palme ou de laurier pour marques de leur merite. Ce que dit Voiture est à peu prés, comme si quelqu'un qui logeroit dans une ruë de marchands disoit qu'il n'y a pas un habitant de sa ruë qui n'ait plus de ruban bleu que tous les chevaliers du S. Esprit.

Je remarque en passant que Voiture ne avoit pas donner aux choses la place qui leur est propre, & que pour l'ordinaire il mettoit aux commencemens de ses lettres tout ce qu'il avoit de plus brillant & de plus recherché. Il en commence une de cette sorte. Les mémes pa-
" roles avec lesquelles vous m'asseurez que
" je suis si eloquent me font voir que vous
" l'étes beaucoup plus que moy.

En voicy une autre à Monsieur le Duc de Montausier qui étoit prisonnier en Allemagne: Vous ne seriez pas " faché d'étre pris,
" Monseigneur, si vous sçaviez combien vous
" étes regretté, & les plaintes que font pour
" vous tant d'honnetes gens valent mieux que
" la plus belle liberté du monde. Et à Madame la Duchesse sa femme, Si vous n'étiez la
" plus aimable personne du monde vous seriez
" la plus haïssable: Tout cela est fort exquis; voyons encore ce qu'il dit à Mademoiselle Paulet. " Je ne me trouve jamais si glorieux que
" quand je reçois de vos lettres, ni si humble
que

que lorsque j'y veux faire réponse. Et dans "
une autre lettre à la méme, il debute par là. "
S'il ne m'est pas bien seant d'avoir quelque "
plaisir en vôtre absence, ce m'est aumoins "
quelque excuse de ce que je n'en ay pas un "
que vous ne me donniez, je n'aurois rien veu "
d'agreable en Espagne si je n'y avois receu de "
vos lettres, & j'oublie que je suis malheu- "
reux quand je songe que vous ne m'avez "
pas oublié. On ne peut rien voir de plus vif
ni de plus délicat, mais la raison veut qu'aiant
beaucoup à parler on encherisse toûjours un
peu sur ce qu'on a dit en cómençant : mais
comment rencherir sur des choses de ce prix là
Il est méme assez difficile de soutenir des let
tres qui commencent si finement, sur tout
quand elles sont longues comme celles que je
viens d'éxaminer. Et puis quand on les sou-
tiendroit, tant de subtilité pourroit devenir
lassante. Je m'imagine que pour écrire une lettre ou quelque autre chose qui plaise, il faut
bien, si l'on peut, que tout en soit agreable, mais
qu'il faut ménager les agrémens, & qu'à
l'abord la simplicité sied toûjours bien.

Il ne se mettoit guere en peine d'éviter les
équivoques, en voicy une bien surprenante. "
Je suis arrivé à Nancy si maigre & si defait "
qu'on en met en terre qui ne le sont pas tant "
depuis huit jours que j'y suis : On croyroit "
qu'il est enterré, mais ce n'est pas cela, il
veut dire qu'il est à Nancy.

Il avoit aussi beaucoup de negligence pour
la justesse de l'expression & pour la pureté du
langage. Mademoi. Paulet lui écrivit une lettre
dont

dont il fut bien aise le jour qu'elle luy fut renduë, le lendemain il tomba malade, & son mal dura dix sept jours, un autre se fust contenté de le dire naturellement, & Voiture vouloit quelquefois rafiner à contre-temps. Je payay, dit-il, un jour de plaisir avec dix sept jours de douleur : Il me semble qu'il ne paya quoy que ce soit, & que la pensée est aussi fausse que l'expression ; Pourquoy s'en prendre à cette pauvre lettre ? l'avoit elle mis en cet estat là ? Que si le plaisir de la lire l'eut ainsi rendu malade, il eut falu s'expliquer d'une autre maniere, & dire qu'un jour de plaisir luy avoit couté dix sept jours de douleur.

Il dit en quelque endroit. ,, Vous m'aviez ,, asseuré que je n'aurois pas été en ce lieu ,, trois semaines que j'y passerois bien le temps; ,, & il y en a plus de six que j'y suis sans que je ,, voye l'effet de vostre prediction. ,, Il faloit dire, sans que je voye l'accomplissement de vostre prediction, ou sans que je voye que cela me soit arrivé, car une prediction ne peut pas étre la cause de ce qu'elle prédit, il me semble qu'on n'use guere de cette expression, mais quand toute la Cour le diroit, il ne s'en faudroit pas servir, car ce ne sont pas de ces façons de parler que le grand usage authorise, non plus que celle-cy qui ne vaudra jamais rien, quoique beaucoup de gens du monde s'en servent; gagner l'inclination des Dames, car l'inclination est une disposition à aimer, qui se trouve dans le cœur ou dans l'esprit comme elle est & qu'on ne gagne point.

Hier, dit-il à Mademoiselle Paulet, je

je gravay vos chiffres sur une montagne " qui n'est guere moins baſſa que les étoiles : " Il faloit dire qui n'est guere moins haute que " les étoiles, parceque les étoiles sont si hautes qu'on ne peut dire ni ſerieuſement ni en raillant qu'elles ſont baſſes. Et cette autre façon de parler,. Quand Xariſee Daraxe & Galiane reviendroient encore au monde : Il faut ôter encore, il est là ſurabondant.

En parlant de Madame la Marquiſe de Sablé; ,, Elle voudroit n'avoir point receu de mes ,, lettres toutes les fois qu'il y faut répondre : ,, Il devoit dire toutes les fois qu'il y faut faire réponſe, car répondre & faire réponſe ont leur uſage à part, & comme cet uſage veut que l'on die en plaidant ; Je répons au premier chef de l'accuſation, il fait dire tout au contraire, Vous ne m'avez point fait de réponſe à la lettre que je vous avois écrite.

Il a mis je ne ſçay en quel endroit : Je ſuis arrivé à Grenade ſans avoir veu le Soleil, ſi " ce n'est aux heures qu'il ſe couche & qu'il " ſe leve. Si ce n'est quand il ſe leve & qu'il ſe couche, ſeroit beaucoup mieux, & je voy qu'on va du Levant au Couchant en toutes les langues, comme Saluſte, en celle-cy, *Ab ortu ſolis uſque ad occaſum* & Malherbe dans la nôtre.

Vole viſte & de la contrée
  Par où le jour fait ſon entrée
  Iuſqu' aux rivages de Calis.

Pour atteindre à la perfection, il faut ſonger aux grandes choſes, & ne pas négliger les petites. Ce n'est que par occaſions, & pour diverſifier que j'ay remarqué ces quatre ou cinq fautes d'expression, & j'en pourrois observer un grand nombre, dont tous ceux qui savent la pureté de la langue tomberoient d'accord : mais outre que ce n'est pas là mon dessein, ce ne seroit pas si tôt fait, & je reviens aux fautes contre la justesse du sens.

„ Il écrivoit à quelqu'un : Je vous le dis sans „ mentir, je me laisse bien moins toucher à „ l'ambition qu'à la gloire, & ainsi il n'y a point „ de place au monde, tant proche fut-elle „ des Rois que je prisasse tant que celle que vous „ me donnez en vos bonnes graces : Il entend par le mot d'ambition un desir de s'elever ou de se rendre considerable, & cette place si proche des Rois, veut dire qu'on plait & qu'on est bien à la Cour. Or ces grands Princes ne sont pas sans merite non plus que les autres hommes, & du moins si le merite se trouve égal, il est aussi glorieux d'en être aimé que de l'être d'un particulier. Voyez Madame, si le rapport est bien juste d'opposer cela comme une chose qui n'est point glorieuse à la gloire d'être aimé de celui dont je ne sçay pas le nom. Et je veux bien que ce fut un fort honnete-homme. Voiture eut pensé juste & se fut expliqué nettement, s'il eut dit qu'il se laissoit moins toucher à l'interest qu'à la gloire ; & qu'il n'y avoit point d'etablissement ni de charge qu'il estimast tant que la place qu'il avoit dans ses bonnes graces. Il a crû relever son stile par cette haute comparaison de Rois, & n'a rien fait qui vaille, il ne faut ni outrer, ni forcer, ni tirer de loin ce qu'on veut dire, cela reussit toûjours mal.

De la Justesse. 161

Dans une lettre à Mademoiselle Paulet, il met des gentillesses & des civilitez pour Mademoiselle Atalante, & parce qu'on a parlé autre-fois d'une Atalante qui couroit d'une grande vîtesse, il veut aussi que Mademoiselle Atalante coure comme une biche. Il dit ensuite, qu'encore qu'il ait tant loué sa legereté, il souhaite neanmoins qu'elle n'en ait point pour luy. Je ne sçay ce qu'il demande par là, si ce n'est qu'à son egard elle devienne pesante, & qu'elle change cette vîtesse de biche en pas de tortuë. Mais à quoy luy pouvoit servir cette pesanteur? j'entrevoy pourtant quelque autre chose, & il me vient dans l'esprit que ceux qui sont faits à ce langage, ne manqueront pas de dire que c'est être bien grossier d'expliquer cet endroit de la sorte, que legereté se prend aussi pour inconstance, & qu'il avoit raison de souhaiter qu'elle n'en eust point pour luy. Voilà ma foy un beau secret, je ne le comprenois pas d'abord. Ils diront aussi qu'une justesse si exacte fait bien perdre des moyens de plaire, & qu'il n'y faut pas regarder de si prés. A cela je leur répondray plus serieusement, que tant s'en faut que cette justesse retranche les veritables graces qu'elle en est la principale cause, & que pour atteindre à la perfection, on ne doit guere songer à plaire qu'aux personnes de bon sens & de bon gout, qui d'ordinaire ne trouvent rien de plus desagreable que les faux agremens.

Il asseuroit un jour à Mademoiselle Paulet, que s'il osoit luy ecrire des lettres pitoyables, il diroit des choses qui luy feroient fendre le cœur, mais qu'il s'en garderoit bien, &
que

que pour dire le vray, il étoit bien aisé qu'il
demeurat entier, parceque s'il étoit une fois
en deux, il craindroit qu'il ne fut partagé
en son absence. L'autheur en tout ce discours qui semble si ajusté ne dit rien de vray ni de réel : On sent bien d'abord que ce sont de faux brillans & de fausses galanteries. Voyons pourtant de plus prés ce que c'est : fendre le cœur par des lettres pitoyables n'est autre chose qu'émouvoir le cœur par des paroles tendres & passionnées : Et si cela nous arrivoit avec une personne, qui nous aimat, comme il donne à connoitre que l'aimoit Mademoiselle Paulet ; bien loin de luy partager le cœur à nôtre préjudice, nous l'engagerions à le rassembler s'il étoit dissipé & à nous le conserver tout entier. C'est pourtant le contraire de ce qu'il vouloit dire.

Dans une lettre qu'il écrivoit au Duc de Bellegarde qui étoit en exil, apres luy avoir dit quantité de raisons pour l'empécher de s'affliger, & de se laisser abattre, il finit par celle-cy comme par la meilleure, & la plus solide: Apres tout, Monseigneur, je ne sçaurois penser que la fortune vous ait entierement abandonné, & c'est assez qu'elle soit femme pour croire, qu'elle ne vous peut haïr, & qu'elle reviendra bien tôt à vous. Pour étre touché de cette raison, il faudroit premierement se laisser persuader, que la fortune est une femme, & la plû part du monde ne le croiroit pas ; mais encore supposé que cela fût bien prouvé, il seroit assez difficile d'en tirer une pareille consequence. C'est ce qu'on appelle

pelle parler en l'air, & rien ne fait tant faire de fautes contre la justesse, que de prendre une chose pour une autre, & ne pas voir distinctement ce qu'on veut dire.

C'est encore une faute contre la justesse, de dire une chose, non pas mal à propos, mais hors de saison, car l'un ne revient pas tout-à-fait à l'autre. Voiture le va faire entendre & voicy ses termes. On dit que l'a-" stre que j'appellois l'étoile du jour est encore " plus grand & plus admirable qu'il n'étoit, & " qu'il éclaire & brûle toute la France. Je suis " bein aise que l'intelligence qui l'anime n'ait " rien perdu de sa force ni de sa lumiere, & qu'il " n'y ait que l'esprit de Mademoiselle de Bour- " bon, qui puisse faire douter si sa beauté est " la plus parfaite chose du monde. Il me sem- " ble que c'estoit se réjouir hors de saison, que l'esprit d'une si jeune Princesse n'eust rien perdu de sa force ni de sa lumiere; Car les jeunes personnes ne font guere de ces pertes là. Mais un jour cela se pourra dire dans la suite du temps, qu'elle n'eut jamais l'esprit plus délicat ni plus agréable.

Messieurs de l'Académie de Rome luy avoient écrit une lettre Latine par laquelle ils luy donnoient avis qu'ils l'avoient mis dans leur Compagnie, & comme il étoit obligé de leur faire réponse dans la même langue, il écrivit à Caustard, que ces Messieurs l'a- " voient fort embarassé, mais que les Romains " avoient bien tourmenté d'autres gens qui " ne leur demandoient rien ; & au lieu de fai- " re une comparaison juste & d'alleguer ceux
de

de sa nation qui se trouvoieut tout portez, comme Vercingentorix, ou ces autres Seigneurs Gaulois, contre qui Cesar donna tant de batailles, il va chercher Annibal jusques en Afrique, & fort impertinemment, car ce fut luy qui vint attaquer les Romains.

Je vous diray encore sur le sujet de Voiture, que les fautes qu'il fait par affectation contre la justesse du sens, me choquent beaucoup plus que celles qui luy sont échappées par negligence ou faute d'y avoir pris garde. Je dis par affectation, car il y en a de si grossieres, qu'il n'est pas possible qu'il ne s'en soit apperceû.

En écrivant à une Dame, Je n'espere pas, dit-il, qu'en si bonne compagnie, quelqu'une de vos pensées vous eut osé parler de moy, au moins j'en eus tant ce jour là de toutes les sortes, que j'ay raison de croire qu'il ne vous en pouvoit rester, & que vous m'aviez envoyé toutes les vôtres pour m'entretenir. Je trouve ici tant de fausseté, & si peu de justesse, que de s'amuser à l'éclaircir ce seroit une peine assez inutile, & je ne comprens pas qu'un esprit tant soit peu raisonnable puisse conclure qu'on ne pense guere dans un lieu, parce qu'il y a d'autres gens ailleurs qui pensent beaucoup. Mais peut être, que cela parut fort joli à cette Dame, & quand on est si difficile à se contenter, on se retranche bien des gentillesses qui pourroient être bien receuës. Je l'avoüe, mais ce ne sont pas des bonnes, & ce qui n'est appuyé sur rien de vray, ne sçauroit plaire à ceux qui jugent bien. Je retouche volontiers à ces faux brillans, à cause que la pluspart des gens qui se meslent flent d'écrire, ne les regardent pas comme ils devroient, & je croy qu'on n'en sçauroit trop desabuser les jeunes personnes qu'on éleve.

Il envoyoit douze aunes de ruban d'Angleterre à une Dame, & parce que chaque aune étoit coupée, il appelle cela douze galans. Ne sont-ce pas là de ces mots à la mode que Madame la Marquise de Sablé ne peut souffrir ?

Quoy qu'il en soit, laissons passer le mot. Mais peut-on trouver assez de conformité d'une aune de ruban à un homme amoureux, ou qui fait métier de l'étre pour confondre l'un avec que l'autre ? Cependant il tire de là son sujet pour écrire à Madame la Duchesse de Montausier : & pour luy dire que ce n'est pas " trop d'un poulet pour douze galans, que dans " un siecle si peu discret où la plupart des ga- " lans se vantent de leurs bonnes fortunes, ceux " cy se sçauront bien taire des faveurs qu'elle " leur fera. Il est bien aisé de se donner du jeu de la sorte & de faire le bel esprit à ce prix là.

Il se plaît fort à ce même jeu en beaucoup d'autres rencontres, & particulierement dans une lettre qu'il écrivit à une Madame de S. T. en luy envoyant cet agréable Poême de *l'Arioste*, intitulé *Orlando furioso*. Il appelle toûjours ce livre Roland du nom de son Heros, il passe de temps en temps du livre à l'homme, & de l'homme au livre sans les distinguer. Ainsi à ce nom de Roland. on ne sçait s'il entend le Poëme ou le Heros, & l'on demeure en suspend jusqu'à ce qu'on ait déchiffré ce qu'il veut dire. De sorte que cette lettre qui fit

d'ad'abord tant de bruit, n'est pas une des meilleures que l'autheur ait faites. Outre ces fautes contre la justesse du sens, il y en a de celles qui se font contre cette belle mediocrité que les anciens ont tant loüée. Voyez comme il parle de la beauté de cette femme, comme il la met au dessus de celle d'Angelique qui avoit bruslé autant de parties du monde que le Soleil en éclaire. Qu'eust il pû dire de plus admirable, de Mademoiselle de Bouteville, ou de Mademoiselle de Bourbon? Remarquez d'ailleurs de quelle maniere il parle de son esprit : pour moy si je ne l'avois jamais veuë, je la prendrois aprés tant de loüanges, pour la déesse de la beauté & des graces ; Cependant je vous puis asseurer, Madame, qu'à la bien considerer en tout sens, elle n'étoit pas tout-à-fait comme cette déesse. Du reste, Elle avoit je ne sçay quel esprit que je voudrois qu'on n'eut point.

Quand on finit une periode par deux choses differentes, & que la periode qui suit commence par un Car, ou par quelque autre particule que ce soit qui la lie avec l'autre, il faut que ce qu'on dit ait du rapport à ces deux choses differentes, si l'on veut écrire juste, & ce n'est pas assez d'y comprendre la derniere ; le Car se doit répandre sur toutes les deux. Pour éclaircir ce que je viens de dire, en voicy un exemple de Voiture, qui ne l'a pas observé dans une lettre à Monsieur de Puylaurens.

,, Si cette avanture doit être achevée par un
,, des plus honnêtes hommes du monde, j'espere

pere Monsieur que je vous devray ma deli-«
vrance. Je sçay que ce ne sera pas la plus«
belle que vous ayez mise à fin, mais ce sera«
je vous asseure une des plus difficiles & des«
plus justes. Car sans mentir vous avez quel-«
que interest d'avoir soin d'une personne qui«
vous honore aussi veritablement que je fais.
Ce qui suit le Car, & qui devroit confirmer
le difficile comme le juste, ne dit pas un mot
du difficile.

On peut remarquer en passant que les paroles dont se sert Voiture ont peu de rapport à la justice, & que d'avoir quelque interest d'avoir soin de quelqu'un, ne fait pas voir que c'est la chose du monde la plus juste que de le delivrer:

Voiture dit que Cesar parmi tant de com «
bats ne receut pas la moindre blessure, &«
pour faire voir l'inconstance de la fortune, il
dit ensuite qu'il receut trente deux coups«
dans le senat. Les Historiens ne convenien-«
nent pas d'un si grand nombre de coups: Quoi qu'il en soit, il y a, ce me semble, une faute contre la justesse du sens, d'opposer icy trente deux coups receus dans la paix, à n'avoir pas receu la moindre blessure dans la guerre: car en cet endroit la quantité des coups n'est point du tout considerable. On sçait que Cesar fut assassiné dans le senat, & qu'il y perdit la vie, qu'importe si ce fut d'un coup ou de plusieurs, si ce n'est peut-être pour en marquer les circonstances? Il suffisoit de dire que Cesar qui s'étoit sauvé dans la guerre, & qui en tant d'occasions, & de batailles n'avoit pas receu
la

la moindre bleſſure, fut tué en pleine paix, & au milieu de ſes amis. Tout le reſte ſent le ſtile d'un petit eſprit, & d'un jeune homme.

Je croy que pour former le ſens & le diſcours aux jeunes Princeſſes, il ne ſeroit pas inutile de les accoûtumer de bonne-heure à regarder les choſes comme elles ſont d'une veüe nette & diſtincte. Je ſuis perſuadé que de prendre quelque fois leurs ſentimens, & de les examiner ſur de pareilles obſervations, leur ſeroit d'un grand ſecours pour acquerir de l'eſprit & du jugement. Ces ſortes de reflexions n'inſtruiſent pas ſeulement à juger des bons Autheurs, & à pouvoir les égaler, & même les ſurpaſſer quand l'occaſion s'en preſente, ce qui ſeroit pourtant de quelque valeur. On apprend auſſi par cette voye à connoître ſans ſe tromper les choſes qui ſe diſent dans le monde & à les dire agréablement, mais je m'en rapporte à vous, Madame, & à ces grands hommes qu'on a choiſis pour les élever.

Cette parfaite juſteſſe eſt le chef d'œuvre d'un excellent naturel, d'un art conſommé, il faut bien croire qu'il eſt mal-aiſé d'y atteindre, puis qu'un homme d'un eſprit ſi rare, & qui ſçavoit ſi bien écrire, ne laiſſoit pas d'y faire des fautes. Il me ſemble que de tous nos autheurs c'eſt celui qu'on imite le plus volontiers. J'en connois deux ou trois qui le ſuivent par tout, & qui luy veulent ſucceder en la gloire de bien écrire. J'eſpere qu'ils y reüſſiront pourveu qu'ils s'y prennent bien, &

ſuit

sur cela j'ay deux avis à leur donner. Le premier est que la plupart des imitateurs n'imitent de leurs originaux que ce qu'il y a de plus facile, & même ce qu'ils ne devroient pas imiter. Et par exemple, cette admirable description du Valentin, En arrivant on trouve d'abord, je veux mourir si je sçay ce qu'on trou-" ve d'abord, je croy que c'est un perron & " non c'est un portique ; je me trompe, c'est" un perron : par ma foy je ne sçay si c'est un" portique ou un perron. Ou bien. Euripide" étoit un autheur grave comme vous sçavez," ou comme vous ne sçavez pas, & ces gen-" tillesses si naïves, pour voir comme on s'en" trouve, pour sçavoir comment cela se fait." Il me semble, Madame; qu'on ne rencontre que trop de ces Voitures qui parlent ce langage là. L'autre avis est que nous sommes tous sujets à faillir, & que si par malheur ils venoient à dire quelque badinerie ou quelque impertinence qui fût mal receüe, il ne faut pas qu'ils s'en excusent sur celles de leur maître qui a dit tant d'excellentes choses & si agréablement, qu'elles meritent bien qu'on luy pardonne les plus mauvaises, & celles qu'il n'a pas bien dites.

FIN.

LES

LES
CONVERSATIONS
Du Chevalier
DE MERE,
Et du Maréchal
DE CLERAMBAU.

PREFACE.

IL y avoit long-tems que j'étois connu du Maréchal de C. comme on se connoît dans la foule, sans avoir rien de particulier avec lui. Mais s'étant éloigné de la Cour à cause de son peu de santé, il fut environ six mois à P^{trs}., où d'abord il ne songeoit qu'à se remettre & à se divertir. J'étois en ce païs-là quand il y vint, & je ne cherchois qu'à passer les jours le plus doucement que je pourrois. Le Maréchal avoit l'esprit si agreable qu'on ne se lassoit point de l'entendre : Cela m'engageoit à le voir souvent, & je fus assez heureux pour avoir quelque part en son amitié.

Il apprit de la Cour que ses amis pensoient à lui pour un emploi d'autant plus glorieux, que c'est principalement le merite qu'on y regarde.

Et parce que l'on ne sauroit apporter trop de soin pour s'acquiter dignement d'une affaire de cette consequence, il y songeoit souvent, & m'en parloit quelquefois sous divers prétextes. Ce n'est pas qu'il n'eut assez de confiance en moi pour me découvrir ses plus secretes pensées; mais comme il étoit encore incertain de ce qui en arriveroit, il n'eut pas été bien aisé que l'on se fût imaginé qu'il s'y étoit attendu, si la chose n'eut pas réüssi. Je savois à peu prés son dessein, & même il s'en étoit apperceu. Il ne laissoit pas neanmoins de prendre quelque détour quand il m'en parloit : car le moindre voile est d'un grand secours pour les personnes modestes.

Il faisoit des refléxions sur les Conquerans, & me demandoit ce que j'en croiois, & par quelle voie ils étoient devenus de si grands hommes. Si c'étoit la naissance, ou l'éducation, ou l'une & l'autre tout ensemble, ou même si la fortune n'y avoit

avoit point contribué. Il aimoit Alexandre, mais il admiroit Cesar; & de deux hommes qui avoient gouverné de nos jours, & qu'il avoit fort connus, il estimoit la hauteur du premier, & l'adresse de l'autre.

Comme il s'entretenoit volontiers des personnes rares, il disoit aisément ce qu'il en jugeoit, & je remarquois par tous ses discours que le Roi tenoit la premiere place dans son esprit. Il étoit si charmé de ce Prince, qu'il n'en parloit jamais qu'avec transport, & le seul souvenir de son air & de sa bonne mine lui donnoit l'admiration. Il me disoit qu'il ne faloit que le voir pous l'aimer; car on s'entretient de la sorte en particulier ; que c'étoit la plus heureuse naissance, & le meilleur cœur du monde : Que tout jeune qu'il étoit, il se connoissoit mieux que lui aux bonnes choses; & que par un discernement naturel, il avoit de l'aversion pour l'honnêteté contrefaite; & qu'il ne pouvait souffrir les faux agrémens, ni la mauvaise raillerie. C'est bien là le moyen, ce me semble, de faire une Cour d'honnêtes gens, & de voir naître un beau siecle. Le Mareschal étoit un bon juge de tout ce que je viens de dire, & je connoissois à sa mine, & au ton de sa voix, qu'il étoit bien persuadé de ce qu'il disoit. Aussi, quelle apparence qu'il m'eut voulu déguiser ses sentimens pour en être mieux à la Cour ? On ne s'avise guére pour cela d'en faire acroire à des gens qui n'y vont point.

A force de considerer les Conquerans, & même les Héros ; de chercher & d'examiner ce qui peut faire un grand homme, ou plûtôt ce qui peut achever un honnéte homme, car c'étoit-là son dessein, il arrivoit que nous parlions de tout, & comme la parfaite honnêté paroit à dire & à faire, nous disions nos avis de l'un & de l'autre : & ce commerce dura jusqu'à son depart.
Aprés

PREFACE.

Aprés une certaine tendresse qu'inspire l'amitié quand on se separe, & même ensuite de tant de jours qui s'etoient écoulez agréablement, du moins à mon égard, il me conjura de repenser à nos entretiens, & me dit qu'il auroit bien envie d'en écrire quelque chose, mais que si de ma part j'y voulois aussi metre la main, cela nous donneroit du plaisir à nôtre premiere veüe. J'en fis cinq ou six Conversations; & comme j'allois continüer, j'appris que son mal empiroit de jour en jour, sçus presque en même tems ce qui en étoit arrivé.

Du reste on voit bien dans le monde quelques personnes qui tâchent d'apprendre, & de se perfectionner par la lecture, mais la plupart n'y cherchent que le plaisir, & je ne les en blame point, je suis à peu prés de ce nombre. Je voudrois seulement que l'on fis justice à tout, & qu'on ſut diſcerner ce qui ſe peut en chaque matiere, & ce qu'on en doit eſperer. Car il ne faut pas s'imaginer, que l'on puiſſe extrémement plaire ſur des ſujets qui ſentent l'inſtruction, quelque adreſſe qu'on pût avoir. En effet, diſcourir long-tems du vrai & du faux, du bien & du mal; c'eſt une ſorte d'entretien qui agite l'eſprit ſans émouvoir le cœur; & ce qui plait ordinairement vient du contraire : il faut pour cela remuer le cœur, & laiſſer l'eſprit tranquille, ou du moins ne le pas tourmenter. Et puis, quoy qu'on n'aime pas à être trompé, on aime beaucoup moins à être deſabuſé, & c'eſt peut-être une des principales raiſons pourquoi le monde en ſait encore ſi peu.

Quant au profit que l'on pourroit tirer de ces Entretiens, peu de gens croiront avoir beſoin de ces choſes-là, pour ſe rendre plus intelligens & plus habiles. Mais il eſt rare que plus on a d'eſprit plus on
les

PRÉFACE.

es aime, & qu'il ne faut que du bon sens pour les comprendre : Ce qu'on appelle être sçavant n'y sert que bien peu. Il est encore vrai que le plus honnête homme en y faisant des refléxions deviendra sans doute plus honnête & de plus haut prix : & que la Dame la plus accomplie n'y sauroit employer si peu de tems qu'elle n'en soit plus agréable, & par consequent plus aimée. Il est si aisé de s'claircir de cela qu'il y auroit bien de l'imprudence à le dire à moins que d'en être asseuré. J'éleve mon sujet d'un côté apsés l'avoir abaissé d'un autre, pour remarquer en tout le bien & le mal, car je ne pretents pas me loüer.

Enfin je ne me serois pas avisé d'écrire ces Conversations, si je n'avois crû faire plaisir à celui dont je viens de parler. Car outre que je ne m'attache presque à rien, & que je me songe guére a me produire je connois assez les divers sentimens du monde pour ne m'y pas tromper. Le petit nombre, qui d'ordinaire est le meilleur, se trouve rarement le plus fort, & si je me fusse mêlé d'écrire c'eu été d'autres sujets.

LES CONVERSATIONS
D. M. D. C. E. D. C. D. M.

PREMIERE
CONVERSATION.

LE Mareschal de de C. est ce qu'on appelle un galant homme, qui sçait parfaitement le monde. Il a passé sa vie à la Cour, ou à l'armée, & peu de gens ont eu plus que lui de cet esprit naturel, qui fait que l'on est habile, & agréable. Avec sa langue embarassée, il ne laisse pas de s'expliquer de bonne grâce. Il aime mieux parler qu'écouter, soit qu'il trouve rarement son compte aux choses, qu'il entend dire, ou qu'il se plaise, comme on croit, à se faire admirer.

Il y a plus de deux ans qu'il est malade, & tant de Medecins qui l'ont vû ne l'ont pû guérir, non plus que les eaux de Bourbon. C'eſt une langueur dont ſon eſprit ne ſe ſent point; il ne l'a jamais eu plus vif, ni plus net, ni même plus enjoüé. Il fut quelque tems avec Madame la Maréchale à reſpirer, comme on dit, l'air natal. Mais il arrive peu qu'un Courtiſan malade à la Cour ſe trouve mieux dans ſa maiſon de campagne. Madame la Maréchale ſe mit en chemin pour retourner à Paris, & le Maréchal vint à Ptrs, ou il a été ſix ou ſept mois.

En quelque lieu qu'il ſoit, il cherche à ſe divertir, & plus encore à donner de la joye. Et comme il n'y a point de ſi petit bien, qui ne vaille quelque choſe entre les mains d'un habile homme; le Maréhal ſait ſi bien faire valoir les moindres occaſions de plaiſir, qu'il trouve par tout à s'occuper agréablement.

Un jour ſe ſentant beaucoup mieux qu'il n'avoit accoûtumé, il pria quelques Dames de venir diner chez lui. Ce diné ne fut pas de ces feſtins, ou le plus ſouvent on ne trouve rien à ſon gout; mais une chére délicate, & telle qu'on la pouvoit ſouhaiter. Les repas des Dames ne ſont pas ordinairement fort longs, ſoit qu'elles n'aiment pas ces ſortes d'excés, où qu'elles ſe défient d'y pouvoir conſerver je ne ſai quoi de modeſte, qui fait naître le reſpet. Sitot que l'on fut hors de table, tout le monde prit parti, les uns à joüer, les autres à regarder. Le Maréchal qui n'étoit que des Spectateurs, diſoit à ſon ordinaire de ces choſes qui réjoüiſſent. Mais comme le jeu occupe aſſez de ſoi-méme, & que d'ailleurs ceux qui perdent ne goutent pas bien les bon mots, il n'en voulut pas trop dire, & craignant que l'occasion ne s'en presentât, car elle tente les plus retenus, il tira le Chevalier à part. & passant dans une chambre ; Vous jugez bien, lui dit-il, que je suis fort aise de vous voir ; mais je vous apprens que je m'en porte un peu mieux. Aussi pour dire le vrai, aprés avoir essayé tant de remedes pour me guérir d'un mal que le chagrin n'adouciroit pas, je n'ai plus à chercher que de la joïe.

Le Chevalier qui ne pensoit qu'à le divertir, lui demanda ce qu'il vouloit faire. J'ai mieux aimé vous entretenir, répondit le Maréchal, que de joüer avec ces Dames. Nous discourons de certaines choses, qui ne s'apprennent point dans le commerce du monde. Je n'ai jamais rien tant souhaité que d'avoir un peu moins d'ignorance ; & quand je vous tiens en particulier ; il me semble que je m'en défais sans étude & sans instruction. Je mets bien avant dans mon cœur les moindres choses que vous me rapportez de Socrate, & j'espere qu'un de ces jours on m'entendra citer le divin Platon, à l'exemple d'une Dame qui a bien de l'esprit, & qui se plaît à parler de tout.

L'esprit est toûjours de bon commerce, dit le Chevalier, & méme les femmes selon mon sens n'en sauroient trop avoir ; mais la plûpart du monde n'approuve pas qu'elles soient si savantes, où du moins que cela paroisse. Et ne seroit-ce point cette Dame qui vous avoit donné l'idée de celles que vous contrefaisiez l'autre

tre jour si agréablement ? Je n'ay jamais rien vû de mieux peint, ni de plus à mon gré. Sans mentir ce n'est pas assez que d'avoir de l'esprit, il faut être encore extrémement honnete homme pour être plaisant de cet air-là.

Je demeure d'accord, dit le Maréschal, que parmi les personnes qui jugent bien, on ne sçauroit être trop honnéte homme pour être plaisant de la maniere qu'on le doit souhaiter. Mais parce que la plupart des gens n'ont pas le sentiment délicat, il arrive souvent qu'ils sont touchez, & méme charmez de certains rôles qu'on leur joüe; mais les honnétes gens n'en sont pas volontiers les acteurs. Vous comprenez bien qu'il se trouve assez de personnes qui donnent du plaisir, & que neanmoins cela ne fait pas qu'on les aime, ni qu'on s'intéresse en ce qui les regarde. Il me semble qu'on ne doit pas envier de pareils agrémens. Mais quand on plait en honnete homme, on gagne assurement le cœur, & c'est de le sorte que je serois bien aise de plaire.

On ne sçauroit avoir trop d'esprit dans une conversation enjoüé; il se faut pourtant bien garder de paroître toûjours pret à dire de bons mots, ou de jolies choses. Je ne sçai quoi de libre ou d'aisé fait de bien meilleurs effets. Je ne voudrois pas non plus être trop reservé: ni tant chercher le petit nombre. Quand on est d'un certain merite, la maniere ouverte & commode a de grands charmes pour se faire aimer. Quelque avantage que l'on puisse avoir, il se faut plaire avec les gens si l'on veut leur être agréable.

Je

Je voi que de certaines plaisanteries qui ne laissent pas d'avoir cours, ne sont guere d'honneur à ceux qui s'en servent : on s'en moque plûtôt qu'on n'en rit ; ou l'on ne s'y connoit point. On en rit, ajoûte le Chevalier, comme cette Reine d'Egypte rioit des bons mots, & des gentillesses d'Antoine. Comment? reprit le Marechal, de cet Antoine un des Généraux de Cesar, & qui disputa long tems l'Empire avec Auguste ? Mon Dieu la jolie Egyptienne! & qu'y trouvoitelle à redire ?

Comme le Chevalier lui eut fait entendre que c'étoit peut être quelque chose de grossier, & d'un homme toujoûrs armé ; Je voi bien, reprit le Mrréchal, qu'il y avoit dés ce tems-là, des précieuses, & je croyois que ce fut une invention de nos jours. Vous n'approuvez donc pas, lui dit le Chevalier, que cette Princesse fut si difficile, & que pour être bien reçû auprés d'elle, il falut tant d'adresse, & tant d'esprit ? Je m'imagine pourtant que si quelqu'un avoit à le trouver mauvais, ce devroit être aussi peu vous, que personne du monde ; & je croi qu'il vous seroit avantageux, qu'il y eut de ces Reines si délicates dans toutes les Cours où vous feriez. Il me semble aussi que cela seul vous la devroit faire aimer. Car si l'on dit les choses de mauvaise grace, ou que l'on se prenne mal a les faire ; ne trouvez-vouz pas qu'un peu de mepris ou d'aversion sied bien aux Dames, quand on ne fait que deviner.

Je suis de vôtre avis, dit le Marchal, mais une certaine délicatesse affectée de ne pouvoir
souffrir

souffrir que ce qu'on est accoûtumé de voir, & de rejetter rigoureusement tout ce qui n'est pas riche, ou qui n'est plus à la mode, me paroit d'un petit esprit & d'un cœur mal fait. Et pour revenir à cette Reine si difficile, n'y a-t-il pas de l'injustice de vouloir qu'un homme nay dans les armes n'ait rien de soldat, que quand il voit les ennemis ? comment peut-on avoir passé sa vie à l'armée, & que cela ne se sente point ?

La guerre, lui répondit le Chevalier, est le plus beau métier du monde, il en faut demeurer d'accord ; mais à le bien prendre, un honnête homme n'a point de métier. Quoi qu'il sache parfaitement une chose, & que même il soit obligé d'y passer sa vie, il me semble que sa maniere d'agir, ni son entretien, ne le font point remarquer ; l'étenduë de son esprit le dépaïse. Et luy découvre en toute rencontre ce qui lui convient.

Que vous me donnez une belle idée ! s'écria le Maréchal, & que j'ay de plaisir à me répresenter nôtre jeune Prince avec cette sorte d'esprit. Nous ne saurions prendre un plus noble sujet pour nous entretenir ; & vous savez aussi qu'il se passe peu de jours que je ne vous en parle. Je me souviens où nous étions lors qu'on nous interrompit. Je vous avois demandé si vous ne seriez pas d'avis qu'il apprît la langue des anciens Romains : cette langue de tant d'honnêtes gens, & d'un si grand nombre d'Empereurs.

Outre qu'elle est belle d'elle-même, répondit le Chevalier, on tire encore un grand avantage de la savoir, pour les bonnes choses que

que l'on y voit, & dans leur naturel. Vous jugez bien que lorfqu'on parle, il vient toujours de l'efprit & du fentiment je ne fçai quoi de naïf qui s'attache aux paroles, & quelque adreffe qu'on ait à le mettre dans une autre langue, ce n'eft plus tout-à-fait cela. Je trouve auffi que l'art dont on ufe à la montrer, donne quelque lumiere pour toutes les autres, & qu'on en parle mieux la fienne ou du moins plus feurement. D'ailleurs comme c'eft aujourd'huy la plus connuë, & la plus univerfelle, le Prince feroit bien aife, & méme s'il devenoit un jour l'arbitre du monde, de pouvoir entendre ce que tant de nations auroient à luy dire, & de s'expliquer fans interprete.

Eft-ce une une affaire bien aifée ? dit le Marechal ; s'y peut on rendre habile en peu de tems ? Le plus neceffaire d'une langue, répondit le Chevalier, ne coute guere ; & c'eft toujours beaucoup quand on le fçait. Mais les delicateffes qui dépendent fort de celui qui la montre, & des perfonnes qu'on entend parler font plus difficiles. Vous comprenez bien ce que c'eft en toutes les chofes que de donner la derniére main.

Ce feroit mon fentiment, continua le Chevalier, que les heures de cette premiere enfance fuffent partagées, de peur de l'accabler, ou de le dégouter de ce qu'on voudroit qu'il fçeut & qu'on lui fît commencer pour l'adreffe du corps de petits exercices, que fon age & fes forces pouroient foûtenir : il en feroit mieux fait & plus fain. Il faudroit donc diverfifier

fes

ses occupations, & même ses divertissemens, comme on le jugeroit à propos, & je croi qu'il seroit bon que le tems ne fut pas trop régle. Car le plaisir même qui se presente toûjours d'un ordre si égal, lasse aisément, & devient comme une corvée.

Je m'imagine qu'en cet âge si tendre, où l'on imprime ce qu'on veut, mais ensuite on ne l'efface pas de même, on devroit songer à faire en sorte que les personnes qui l'approchent, fussent de celles qui portent bon heur en tout, & dont le procedé ni la veuë n'accoûtume à rien qu'il faille oublier. Je voudrois qu'on eut ces egards jusques dans le choix qu'on fera des Maîtres qui lui viendront montrer les moindres choses. On ne manqueroit pas de dire que c'est une idée. Mais je suis assuré que pour toutes sortes d'exercices, tant du corps que de l'esprit, il seroit à souhaiter que ceux qui s'en acquittent le plus noblement, ou qui s'y connoissent le mieux, lui donnassent je ne sçai quoi que n'ont point la plupart des maîtres, & que dans quelque tems M. D. T. & même L. M. P. l'entretinssent de la guere & le missent sur les voyes des Conquerans. Car je suis persuadé que de quelque naissance qu'on pût être, on se devroit tenir bien honoré d'avoir contribué quelque chose à un ouvrage de cette consequence, & que tout ce qu'apprendra le jeune Prince, ne sauroit venir de trop bon lieu.

On dit que Cesar à force de combattre & de courre partout; d'Europe en Asie, & de là en Afrique, avoit perdu la plupart de ses vieux sol-

soldats, & qu'il en dreſſoit denouveaux à tenir se bouclier, & à ſe ſervir de l'épée ou du javelot. Croyez-vous qu'en apprenant cela d'un tel Maître, l'inſtruction ne s'étendit pas plus loin, & même ſans y penſer ?

Ce qu'on dit des belles perſonnes, répondit le Maréſchal, que tout leur ſied bien, ſe peut dire avec plus de raiſon des honnêtes gens, & j'euſſe bien voulu voir ce Maître d'armes. Tout ce que j'euſſe obſervé d'un ſi grand homme, m'eût appris quelque choſe dont j'euſſe été bien aiſe de me ſouvenir. Et ce que vous diſiez tout-à-l'heure, eſt fort vray ; qu'il y a des gens qu'on ne ſauroit aſſez pratiquer. Il eſt certain que ſi on les voit ſouvent pour quelque ſujet que ce puiſſe être, outre le progrez qu'on fait auprés d'eux, on ſe met encore en bonne odeur ; comme on ſe parfume ſans y prendre garde en ſe promenant parmi les jaſmins & les orangers.

On ne peut rien s'imaginer de plus fleuri, dit le Chevalier, & ſans mentir vous avez une grande juſteſſe à parler. Je ſens bien, repliqua le Maréſchal, quand je m'égaye, & je me ſuis douté que cela vous ſurprendroit. Vous ne m'avez ſurpris, dit le Chevalier, que pour me donner de la joye ; une choſe bien penſée veut être bien dite, & je ne voi rien de plus agreable.

Je ſuis pourtant l'homme du monde, reprit le Maréſchal, qui cherche auſſi peu ces maniéres ſi fleuries. Je n'aime pas non plus toutes ces ſortes de juſteſſe ; celle du ſens me plait toûjours, mais pour l'ordinaire celle de paroles me paroit affectée. & ſi je ſouhaitois d'être élo-

éloquent, ce seroit du cœur & de l'esprit. On s'explique assez quand on a quelque chose à dire.

On parle tant qu'on veut, dit le Chevalier, de ce qui regarde le commerce du monde, on ne trouve que trop de gens qui sçavent ce langage. Mais pour de certaines choses qui sont moins en veuë, & que l'on ne conçoit pas si aisément, on a quelquefois bien de la peine à les dire comme on voudroit. Il est vrai que c'est être éloquent que de les penser de quelque maniére qu'on les fasse entendre. Ceux qui pensent bien, ne sont jamais trop longs, ny trop étendus : ils ne cherchent les mots que pour exprimer leurs pensées, & les autres songent plus à parler qu'à s'expliquer.

Pour ce qui est des justesses, j'en trouve de deux sortes, qui sont toûjours de bons effets. L'une consiste à voir les choses comme elles sont, & sans les confondre : pour peu que l'on y manque en parlant, & même en agissant, cela se connoit ; elle dépend de l'esprit & de l'intelligence.

L'autre justesse paroit à juger de la bienseance, & à connoitre en de certaines mesures jusqu'où l'on doit aller, & quand il se faut arrêter. Celle-ci qui vient principalement du goût, & du sentiment, me semble plus douteuse, & plus difficile.

La justesse des paroles ne laisse pas de plaire quand elle est sans affectation, & que l'on ne fait joüer les mots que bien rarement. Mais je vous puis assurer que l'on ne sauroit trop avoir une certaine justesse de langage, qui consiste

à se

à se servir des meilleures façons de parler, pour mettre sa pensée dans l'esprit des gens comme on veut qu'elle y soit, ni plus ni moins.

Ces justesses sont toûjours bien receuës, pourveu que l'on n'y soit ni severe ni rigoureux pour les autres, & que l'on se souvienne de cette Dame Romaine, devant laquelle il ne faloît pas broncher: car comme elle pressoit un galant homme, qui s'etoit embarrassé; il lui dit qu'elle avoit raison, mais qu'elle étoit bien incommode d'ôter le plaisir de la négligence.

On est aujourd'huy bien plus civil avec les Dames, dit le Maréchal, qu'on ne l'étoit de ce tems-là, & ce qu'elles disent n'embarasse point les gens du monde. Elles peuvent tout hazarder, & particulierement lors qu'elles sont belles. Mais un honnête homme de quelque merite qu'il soit, ne doit pas avoir tant de confiance ; même plus il excelle, plus il doit prendre garde à ne point apporter de contrainte, & à se rendre commode. Car naturellement on craint les Maîtres.

J'aime bien les gens qui témoignent toûjours de l'ésprit sans choque personne, & je hai cruellement ceux qui n'en ont que pour déplaire. On fait bien d'éviter le commerce de ceux-ci le plus qu'on peut, à cause que cela procede d'un naturel orgueilleux & malin, qui se répand sur tout ce qu'ils font. Il y en a d'autres, qui sont plus étourdis que méchans, & qui pour dire de bons mots mettent tout le monde en jeu, sans penser aux conséquences. Quel avantage peut-on tirer d'avoir de l'esprit, quand on ne sait pas s'en servire à se faire

faire aimer? On ne se peut éloigner si les choses en vont pas comme on veut; mais quand on se montre, il faut faire en sorte que les personnes qu'on voit en soient bien aises; quand même on ne les aimeroit pas. Car celui qui croit se venger en déplaisant, se fait plus de mal, qu'il n'en fait aux autres.

J'en connois aussi qui sont chagrins & desagreables par un principe d'envie: c'est le defaut qui me choque le plus, & qui marque autant la bassesse du cœur, & même la petitesse de l'esprit. Car si l'on connoit bien ce que c'est la vie & la fortune, on penche plus à plaindre ceux que le monde croit heureux, qu'à les envier. J'ay vû des gens obscurs, & d'un merite assez mediocre, qui vouloient aller du pair avec les premiers hommes du tems, & qui n'en pouvoient souffrir la réputation.

Il y en a d'autres qui veulent bien plaire & se faire aimer, mais ni l'honneur ni la verité, ni le bien de ceux qui les écoutent, ne leur font jamais rien dire s'ils n'y trouvent leur conte & de droit fil. Ce parti n'est pas le meilleur, & je voi que le monde n'aime pas qu'on ne pense qu'à soi même, & qu'il sait toujours bon gré à ceux qui tâchent de faire valoir les personnes qui le meritent.

Monsieur le Maréchal, dit le Chevalier, vous avez une adresse merveilleuse: Il n'étoit question que des justesses du langage, ou de quelque chose d'approchant, néanmoins par une pente douce, & presque insensible, vous étes venu dans le commerce du monde, & vous avez dépeint les gens qui se servent mal de leur

leur esprit, & qui ne parlent que pour leur interet: cela fait bien voir que vous avez observé la Cour, & que vous en voulez aux mauvaises mœurs.

J'ajoûterai seulement à ce que vous venez de dire, que quand on parle, quelque but qu'on puisse avoir, il faut bien que celui de plaire l'accompagne, mais il ne faut pas que ce soit la seule & la derniere fin. Toute la nature ne tend qu'aux choses necessaires. Il n'y a rien au plus beau corps du monde qui ne serve à la vie, ou au mouvement. La bonne chere se fonde sur le besoin de boire & de manger. Il se faut loger, & de là vient qu'on aime les belles maisons. Car d'abord on ne cherche les choses que parce qu'on ne s'en peut passer, & l'on veut le plaisir de surcroit, pour user de ce mot, & comme un present qui rejoüit, mais qu'on n'avoit pas attendu.

J'approuve extremément que l'on s'explique à quelque prix que ce soit, dit le Maréschal, & je vous comprens fort bien. Je croi que le meilleur moyen pour se rendre habile & savant, n'est pas d'étudier beaucoup, mais de s'entretenir souvent de ces choses qui ouvrent l'esprit. Il seroit bon, si je ne me trompe, d'y accoûtumer le jeune Prince, & de lui donner quelques gens qui pûssent l'instruire de la sorte. Pour ce qui est des Dames que l'on met auprés de lui, je ne voi pas qu'il faille apporter tant de soin à les choisir, & je vous avoüe que je n'aurois égard qu'aux plus enjoüées pour le tenir plus guai. Car si vous en exceptez un fort petit nombre, les plus habiles me paroissent de petit sens, quoi que d'ailleurs elles plaisent Vous jugez bien que de certains agrémens du visage, & de la taille ne tirent point à consequence pour ceux de l'esprit : les gens qui savent separer les uns d'avec les autres ne s'y trompent guére.

On ne veut pas que les femmes soient habiles, dit le Chevalier, & je ne sçai pourquoi ; si ce n'est peut-être à cause qu'on les loüe asses d'ailleurs, & qu'elles sont belles. Car le monde se plait à retrancher d'un costé ce qu'il ne peut refuser de l'autre, & s'il est contraint d'avoüer qu'un homme est fort brave, il ne sera pas d'accord que ce soit un fort honnéte homme, quand il seroit encore plus honnéte que brave. Il me semble que cela n'est pas si rare de voir des Dames de bon sens, & je leur trouve une délicatesse d'esprit qui n'est pas si commune aux hommes J'ai même pris garde en beaucoup de lieux, & parmi toute sorte de conditions, qu'ordinairement les hommes n'ont pas tant de grave à ce qu'ils font que les femmes, & qu'elles se connoissent plus finement qu'eux à bien faire les choses ; soit que l'avantage de plaire leur soit plus naturel, ou que sentant que c'est là leur fort, elles s'en fassent dés leur enfance comme un métier. Deux ou trois ont commencé, si je ne me trompe, à desabuser la Cour de la fausse galanterié, & s'il n'y avoit ni gloire ni plaisir à se mettre bien auprés d'elles, on ne chercheroit pas tant de détours pour se rendre agreable. Aussi n'est-on jamais
tout à-

tout-à-fait honnête homme, ou du moins galant homme, que les Dames ne s'en soient mêlées.

Que je vous suis obligé, dit le Maréschal, de mettre de la difference entre l'honnête homme & le galant homme; on les confond aisément. Il me semble, dit le Chevalier, qu' un galant homme est plus de tout dans la vie ordinaire, & qu' on trouve en lui de certains agrémens, qu' un honnête homme n'a pas toûjours; mais un honnête homme en a de bien profonds, quoi qu' il s'empresse moins dans le monde.

Il y a bien à dire de l'un à l'autre, reprit le Maréschal, cette qualité de galant homme, qui plait dans les jeunes gens, passe comme une fleur, ou comme un songe, & j'ay vû de ces galans hommes devenir le rebut & le mépris de ceux même qui les avoient admirez. Mais si l'on aime quelqu' un à cause qu'il est honnête homme, on l'aime toûjours, & de ce côté-là le tems n'a point de prise sur lui.

Je m'imagine, dit le Chevalier, que lors qu'on estimoit tant ces galans hommes; tout le monde n'en étoit pourtant pas ébloui, & qu'il y avoit toûjours quelqu' un, ou quelqu'une qui sentoit bien que ce n'étoit qu' une fausse galanterie, & je ne sçai quoi de brillant, qui peut surprendre. Mais la vraie galanterie parmi les personnes qui s'y connoissent, est toûjours bien receuë: Elle ne dépend que fort peu des avantages du corps; il arrive même souvent qu' un hôme contrefait a meilleure grace qu' un autre qui semble fait à peindre.

dre. Car ce n'est pas assez d'avoir de si beau dehors pour être agréable, le plus important consiste à donner l'ordre dans sa tête & dans son cœur. Aussi n'est-on jamais galant hôme sans avoir un bon cœur, & bien de l'esprit.

Cette vraie galanterie se remarque en cela principalement, qu'elle sçait donner une veuë agréable à des choses fâcheuses. Car bien souvent ce qui nous choque le plus, ne nous seroit pas difficile à souffrir si nous le regardions du bon côté. Je me souviens que deux amis alloient chez une Dame, & que le plus mal receu s'imagina que pour gagner ses bonnes graces il n'avoit qu'à détruire son ami. L'autre qui s'en apperçut, au lieu de s'emporter, ou du moins de se plaindre ; Je vois bien, luy dit il, que vous m'aimiez; mais je ne sçavois pas que vous me crûssiez assez honnête homme pour être bien avec une Dame de ce merite, & qui se connoit en gens. Cette pensée m'est si avantageuse qu'elle ne sauroit nuire à nôtre amitié.

Cela me semble tout-à-fait galant, dit le Maréschal, & je ne sai si ce qu'on m'a rapporté d'une grande Princesse, ne seroit point à peu prés d'un même esprit. On l'avertit qu' un fort honnête homme, mais un peu bizarre, trouvoit à redire à sa conduite. Nous n'avons, dit-elle, que trop de gens qui nous flatent: ce que vous m'apprenez de ce Gentil-homme, est plûtôt un avis, qu'une médisance, il ne tient pas à lui que je ne vaille un peu mieux, & je lui en suis obligée.

Il

Il ne se pouvoit rien trouver de plus juste, dit le Chevalier, & cela me fait mieux entendre à moi-même ce que je pensois. Il faloit sans doute que cette Princesse ne fut pas une personne ordinaire. Mon Dieu! que l'on seroit heureux, si tant de choses qui se passent dans le monde étoient prises de ce sens-là. Je m'imagine, continua le Chevalier, qu'un galant homme n'est autre chose qu'un honnête homme un peu plus brillant ou plus enjoüé qu'à son ordinaire, & qui sçait faire ensorte que tout lui sied bien. A tout hazard on tire un grand avantage de pouvoir être l'un & l'autre còme on le juge à propos, & j'ay vû d'honnétes gens bien empêchez avec des Dames, & qui ne sçavoient par où s'insinuer dans leur conversation, quoi qu'ils eussent à leur dire des choses de bon sens.

De bon sens ? s'écria le Mvréschal, & qui se peut mettre dans la téte de l'employer si à contre-tems ? Les Dames ne sont jamais si prudes ni si sévéres, que de faire cas du bon sens en pareille rencontre. Mais elles veulent cét abord galant que vous sçavez, les maniéres délicates, la conversation brillante, & enjoüée; une complaisance agréable, & tant soit peu flateuse; ce je ne sçai quoi de piquant, & cette adresse de les mettre en jeu sans les embarrasser; ce procedé du grand monde qui se répand sur tout, ce procedé hardi & modeste, qui n'a rien de bas, ni de malin, rien qui ne sente l'honnéteté.

Celui qui sçait bien s'acquitter de tout cela, peut beaucoup ce me semble auprés des Da-

Dames ; & c'est le plus seur moyen de leur plaire ; mais c'est aussi le plus à craindre, à moins que d'en user adroitement, & de bonne grace. Car il se faut souvenir que plus ces sortes de choses sont agreables lors qu'on les fait bien, plus elles dégoûtent, si l'on s'en acquitte mal.

On pourroit ajoûter à cela, dit le Chevalier, que peu de gens sont nez à cette façon de vivre si brillante ; & quand on y réüssiroit en perfection, la plus part des femmes ne s'y plaisent pas trop, du moins on se peut assurer que tant d'éclat & d'empressement les lasseroit à la longue. Je voi que celles qui ont le plus d'esprit, aiment beaucoup mieux je ne sçai quoi de plus retenu. Et pour l'ordinaire on débute malheureusement auprés d'elles ; parce que l'on ne songe pas qu'elles se gagnent par les voies que nous sommes gagnez, & qu'elles se perdent de même. On leur jette son cœur à la téte, & d'abord on leur en dit plus que la vrai semblance ne leur permet d'en croire, & bien souvent qu'elles n'en veulent. On ne leur donne pas le loisir de pouvoir souhaiter qu'on les aime, & de goûter une certaine douceur qui ne se trouve que dans le progrez de l'amour. Il faut long tems joüir de ce plaisir-là pour aimer toûjours ; car on ne se plait guere à recevoir ce qu'on n'a pas beaucoup desiré, & quand on l'a de la sorte, on s'accoûtume à le negliger, & d'ordinaire on n'en revient plus. Mais ne vous mettez pas en peine de Dames pour le jeune Prince, elles viendront assez quand il en sera tems. Comme

Comme ils parloient encore, on leur vint dire qu'il y avoit un coup en dispute entre ces Dames qui joüoient, comme j'ay dit, dans une autre chambre, & qu'elles les prioient de les juger. Cela ne pouvoit arriver plus à propos, dit le Maréschal, & bien nous prend de nous être mis si à point nommé sur le chapitre des Dames. Car si nous voulons que pas une de celles-ci ne gronde, nous avons besoin de tout pour les juger. Faisons l'honneur de la maison, & nous en tenons-là pour aujourd'huy. A demain, je vous attens, & je donnerai ordre que nous soiens en repos.

Fin de la premiere Conversation.

SECONDE
CONVERSATION.

CEux qui sont à la Cour sont plus d'amis & de connoisances, que ceux qui vivent dans la solitude. Mais de ce nombre d'amis, peu le sont de la sorte qu'on le doit être; & la plupart du tems on n'est bien connu de personne à la Cour, comme on n'y connoît parfaitement qui que ce soit. Ce n'est pas ce qu'on dit, que ces gens-là n'aiment rien, & qu'ils songent plus à leur interet, qu'à discerner le merite. Car les cœurs & les esprits sont à peu prés là comme ailleurs, & l'interet se rencontre par tout. Mais on est dissipé parmi tant de gens, on se donne à tous superficielle-ment selon leur prix; & d'ordinaire on ne s'attache à pas un ni pour l'aimer, ni pour le connoitre. Le Chevalier, qui avoit tant vû le Mareschal dans le monde, & qui sa-voit assez que c'étoit un fort galant homme, ne le trouvoit pourtant pas à dire en ce tems-là quand il ne le voioit point, & pour l'avoir pratiqué set ou huit jours dans la retraite, il ne pouvoit plus se passer de luy.

Le Chevalier ne manqua pas de venir le lendemain, comme ils avoient arrété, & s'étant rendu de bonne heure, il avoit engagé le Mareschal à passer le matin à joüer, & mesme avant que de quitter le jeu, il avoit fait ensorte qu'ils seroient obligez de s'y remettre l'apprdinée. Quoy qu'il eut du plaisir à l'entendre, il cherchoit toûjours quelque invention pour l'empecher de beaucoup parler. Car le Mareschal qui n'a pas besoin d'une trop grande agitation s'anime aisément; & contre la coutume des personnes du monde, qui n'approfondissent que peu de chose, il est excessif à penser, & parle souvent d'un esprit tendu, & méme avec autant d'action que s'il étoit dans une parfaite santé.

Leur jeu n'étoit qu'un amusement, & c'est ainsi qu'il en faut user avec ses vrais amis : Car si le grand jeu ne détruit l'amitié, du moins elle en pourroit être alterée.

Aprés avoir long-tems joüé, le Mareschal parla d'aller dans une prairie le long d'une petite riviere, qui passe au pied de la ville. Et parce que la chaleur n'étoit pas encore abattuë, il se mit à se promener dans la chambre, & dit au Chevalier qu'il s'etoit souvenu de cette Reine d'Egypte. Ce matin, dit-il, en me levant je riois de cét homme que vous m'avez représenté, je m'imaginois de le voir auprés d'elle, l'entretenant de ces gentillesses : que les gens de guerre ont accoûtumé de dire aux Dames. Ce qui vous rejoüissoit, dit le Chevalier, c'est que vous n'avez rien à craindre, quand vous en trouvez de si delicates. Ce n'est pas trop cela, repondit le Mareschal, je pourrois bien avoir je ne sai quoi de l'armée, si je n'y prenois garde, & quelques

per-

personnes m'ont fait la grace de m'en avertir. Auſſi pour dire le vrai, j'ai peu d'étude, & vous ne ſauriez croire le dépit qu' j'en ai: mais j'eſpere que mes enfans en ſauront plus que les maîtres.

N'ayez pas tant de regret, luy dit le Chevalier, d'avoir ſi peu étudié, vous n'y avez guere perdu qu'un peu de latin qu'on vous eut appris. C'eſt beaucoup, replique le Mareſchal, quand il n'y auroit que cela. Mais encore ne m'eu on pas montré ces ſciences, dont mon ami X. fait tant de cas? Et comme il s'étendoit ſur les entretiens qu'il en avoit eus avec cet ami; Vous ne parlez pas comme un homme ſans étude, luy dit le Chevalier; ce que ie viens d'entendre vous feroit admirer: & ſans mentir vous en ſavez beaucoup pour un homme de guerre, & pour un grand courtiſan. Le Mareſchal ſe prit à rire, & luy dit qu'il n'en ſavoit que les noms. Les maîtres, repliqua le Chevalier, n'en ſavent guere davantage. On vous eut enſeigné tout cela, comme on l'enſeigne ordinairement, avec beaucoup de tems, & de peine, & vous n'en ſeries ni plus habile, ſi ce n'eſt peut-être que vous en ſeriez deſabuſé.

Ce que vous dites, reprit le Mareſchal après avoir un peu rêvé, n'eſt pas ſans apparence; & que vous me faites ſonger que i'ai paſſé des jours entiers avec cet homme à l'entendre diſcourir des ſciences. Je vous avouërai franchement, qu'il ſe rencontroit toujours que je n'y comprenois rien, & plus il ſe mettoit en peine de s'expliquer, moins il ſe faifoit entendre. A juger de la Philosophie par l'idée qu'il m'en donnoit, je me la representois comme une spece de nuit, & je luy demanday une fois s'il étoit du son essence d'être obscure & tenebreuse? Voilà, me dit il, de fort beaux commencemens, j'en ay veu des plus avancez, qui n'en eussent seu tant dire. Mais pour ne vous rien déguiser, on n'entend jamais bien tout cela, que l'on n'y soit fait de jeunesse.

On ne l'entend pas mieux, dit le Chevalier, pour s'y être exercé dés l'enfance, mais on est moins surpris de l'obscurité. Ces gens-la ont accoutumez dés leur bas âge à parler de tout sans rien voir distinctement. Ce qu'ils disent ne leur semble jamais obscur ni confus, & la plus-part s'imaginent qu'on les comprend fort bien, quoi qu'il soit impossible de démeler leurs pensées.

D'où vient donc, reprit le Mareschal, que l'on ne profite point des instructions que nous ont donné les anciens, & tant d'autres grands hommes depuis ce tems là? Je vous dirois ce que j'en croi, répondit le Chevalier, si je ne craignois de vous ennuyer, & car le sujet est peu divertissant. Il me semble aussi qu'on se trouve bien de pratiquer ce qu'on sait, sans se meler de l'établir, ni de l'apprendre à personne : Et moi de plus qui n'en sai que bien peu, dequoi m'irois je aviser? J'ai bien reposé la nuit passée, dit le Mareschal, & nous avons dîné si agréablement, que pour aujourd'huy tous les sujets me sont bons, & je vous défie de m'ennuyer. D'ailleurs il n'y a rien de si sombre, que l'on ne puisse égaier par l'adresl'adreſſe de l'eſprit, & ie trouve que vous en avez de reſte. Monſieur le Mareſchal, dit le Chevalier; vous aimez bien à vous divertir. Je vous parle de vous, repliqua le Mareſchal, comme je vous parlerois de moy, je tâche de n'avoir ni vanité ni flaterie, & je trouve auſſi que les honnêtes gens n'ont guere de l'un ni de l'autre. Encore pourroit-on flater de bonne grace en quelque occaſion. Mais là vanité ſied toujours mal, & je voy de plus que l'on mépriſe ordinairement tout ce qu'ont de meilleur les perſonnes vaines. On fait bien de s'en chacher, & beaucoup mieux, de s'en défaire ſi l'on peut. Car quelque ſoin que l'on ait d'empêcher qu'elle ne paroiſſe, il en vient inſenſiblement je ne ſcai quoi qui déplait.

Ce defaut que je crains tant ne m'empeche pas de vous dire, qu'encore que le tracas du monde, & quelque ſorte d'ambition ne m'ajent guere permis d'être ſpeculatif, j'aime éperdument une certaine lumiere vive & pure qui ſe mele de tout & de bonne grace. On a cru que j'en avois quelque étincelje. Quoy qu'il en ſoit, il n'y a rien de tout ce qu'on aime & qu'on admire, qui me touche à ce point-là. Il faut que je vous ouvre le fond de mon cœur, j'ay peu d'interet à la vie, & je ſai comme je dois conſiderer le monde; mais quelque dégagé que l'on ſoit, quand on a des enfans, on tourne ſouvent la tête de leur côté. J'en ai qui ſont bien nez, & je ſuis perſuadé que tout ce que nous diſons leur pourra ſervir. C'eſt ce qui m'oblige à parler ſur tant du ſujets. Et pour revenir à ce que je vous ai demanmandé, comment se peut-il faire que l'on tire si peu d'avantage des connoissances que ces habiles Grecs nous ont laissées ? Vous m'avez souvent parlé de la Grece, & les moindres particularitez que vous m'en avez apprises, m'ont donné beaucoup de plaisir. Je serois bien-aise que vous me voulussiez conduire encore aujourd'huy par des lieux si renommez; & que vous me fissiez remarquer sur les chemins ce que vous y trouveriez de plus considerable. En achevant ces mots il prit un siege, & fit asseoir le Chevalier, qui commança de cette sorte.

Puisque vous le voulez ainsi; je vous dirai que la Grece étoit le plus agréable séjour que l'on se puisse imaginer. L'air du païs est doux & subtil, mais si temperé; qu'il arive peu que l'hyver ni l'été l'incommode. On y trouvoit en abondance tout ce qu'on pouvoit souhaiter pour vivre heureusement. Les hommes y naissoient adroits à toute sorte d'exercice, & l'art achevoit aisément ce que la naissance avoit si bien commencé. Les Dames d'Athenes étoient naturellement galantes, & pour l'ordinaire plus brunes que blondes: on leur trouvoit je ne sai quoi de piquant qui plaisoit. Et comme on voit souvent des éclairs dans une nuit sombre & tranquille, bien que leur maniere de dire les choses fut simple & retenuë il y brilloit toûjours de l'esprit. On dit aussi que le son de leur voix étoit si touchant, qu'il n'eut falu que cela pour avoir du plaisir à les entendre. Mais outre que ce langage étoit pur & délicat, combien pensez-vous que l'on y disoit de bonnes cho-

choses? Car il y avoit des gens qui ne se contentoient pas de l'adresse du corps, & qui cherchoient d'autres agrémens. Jamais en lieu du monde on ne s'est mieux pris à aimer, ni à le dire.

Ce païs avoit le genie qui sait inventer les arts, & les perfectionner. La peinture y parut d'une maniere achevée, pleine d'esprit & de sentimens. Il y avoit toûjours de l'invention qui surprenoit, & qui plaisoit encore davantage. Que n'a-t-on point dit du sacrifice d'Iphigénie, que l'on ne pouvoit regarder sans larmes? Et de ce tableau de Roxane & d'Alexandre, où les Amours passoient des chaînes de myrte, & de roses à ce Conquérant, pour le mener aux pieds de sa prisonniere? Une avanture si rare tenoit d'abord les esprits en admiration; mais cette captive paroissoit avec une beauté si surprenante, que pour peu qu'on s'attachat à la considerer, on ne s'étonnoit plus de sa conquête. On voit encore aujourd'hui de leurs sculptures, qui font imaginer quelque chose de plus qu'humain. Cette raison pouroit excuser, si rien le pouvoit, les nations de ce tems là de les avoir adorées.

La musique leur étoit si connuë, qu'en ajustant, & diversifiant de certains tons, ils savoient toucher le cœur comme ils vouloient. Et n'avez vous pas oüi dire qu'Alexandre au milieu d'un festin où l'on ne pensoit qu'à la joie, fût si charmé, & si emporté de ces tons, qu'il courut aux armes comme s'il eut vû les ennemis? Car c'étoit une sorte de violence, & d'enchantement, dont le secret n'est pas venu nu jusqu'à nous, au moins ce qu'il y avoit de plus rare s'est perdu.

Leur éloquence parle encore assez sans qu'on en parle. Aussi qui pourroit bien dire ce qu'elle étoit, qu'elle même? Et tant de beaux vers qui parurent de leur façon, ne firent-il pas croire au monde que c'étoit le langage des Dieux, & qu'on le parloit dans la Grece, comme dans le Ciel enfin ç'a été de cette heureuse Contrée que les belles connoissances se sont répanduës de tous côtez, & même les Romains, qui depuis ont bien fait du bruit, n'ont excellé en tant de choses qu'en imitant ce que les Grecs avoient inventé.

Comme ils étoient gens de bon sens, ils aimoient assez de leur naturel à vivre tranquillement, mais ils ne laissoient pas d'être fort bons pour la guerre. Il y avoit toûjours des soldats & des Généraux, qui savoient combattre, & commander. Cét Alexandre qui fût instruit de la discipline des Grecs, avecque peu d'argent, & peu de gens, eut bien le cœur assez haut, pour aller attaquer le plus riche, & le plus grand Roi de la terre, & pour le vaincre deux fois en bataille rangée au milieu de cinq ou six cens mille hommes.

Ce jeune Conquérant qui couroit partout aprés la gloire, eut un precepteur qui ne la cherchoit pas moins à sa mode ; & si l'écolier se rendit maître du monde, on peut dire aussi que le precepteur, tant par son adresse que par la faveur de ce Prince, prit le dessus dans les sciences. Il avoit de cet esprit qu'il faut avoir pour être habile en ce qui regarde la vie:
mais

mais pour de certaines connoissances plus cachées, il n'alloit pas si loin que quelques-uns qui l'avoient précédé.

Ceux-là faisoient leur felicité de connoître, & disoient qu'ils ne savoient presque rien. C'étoit d'honnêtes gens & de bonne foi, qui traitoient douteusement des choses douteuses & pour celles que l'on peut comprendre nettement, quoi qu'elles soient de la plus haute speculation, ils en parloient neanmoins d'une maniere qui ne sentoit ni l'art ni l'étude; mais si claire & si naturelle, que pour les entendre d'abord, il ne faloit qu'avoir de l'esprit. Celui ci qui n'avoit pas tant pour but de connoître, que d'en acquerir la reputation, sentoit bien qu'ils étoient au dessus de lui, & que jamais les bons juges des esprit, & des connoissances ne le mettroient au premier rang. Etant donc persuadé qu'un certain petit nombre, que rien n'éblouït, & qui voit à quel point de bonté sont les choses, ne lui seroit pas favorable, il eut recours à gagner ceux qui n'ont pas de si bons yeux, & à se faire admirer de la multitude.

Pour cet effet sachant bien à quelles gens il avoit affaire, & ce qui leur donneroit dans la veuë, il s'avisa d'être affirmatif, de décider comme un Législateur, ou d'insinuer qu'il ne faloit que l'entendre pour être savant. Il prenoit les inventions de ceux qui n'étoient guere connus, & tournoit ceux qui l'étoient en ridicules.

Quelques-uns disent que les fondemens de son edifice ne sont pas bien seurs, & qu'il éta-
blit

blit des principes, non seulement obscurs & douteux, mais encore si faux, & si hors de la vrai-semblance, qu'avec un sens bien mediocre on s'en pourroit desabuser. Quoi qu'il en soit, je voudrois qu'un si grand homme eut un peu plus naturalisé l'art & les regles; car il me semble que les moindres choses que les plus simples comprennent quand on les dit naturellement, font de la peine aux plus habiles par une methode épineuse, & je ne sai quoi de trop étudié qui paroit en tout ce qu'on voit de lui.

Ce qu'il a dit de bon, & que l'on entend, pourroit bien être cause que l'on estime tout le reste, où l'on ne comprend rien. Car il a dit de fort bonnes choses, & qui me semble bien étrange, on les neglige parce qu'on les entend. On s'est persuadé qu'il n'y avoit rien de beau qui ne fut obscur. Ainsi bien loin de suivre la lumiere & le bon sens, & de se former sur cette Grece habile & savante, on ne cherche que des fausses subtilitez, & des distinctions chimeriques. Le maître enseigne un langage qu'il n'entend pas lui méme, & qu'il tient d'un autre, qui ne l'entendoit pas mieux. Delà vient qu'un jeune homme aprés dix ou douze ans d'étude ne sait pourtant rien, & que ceux qui s'attachent toute leur vie à cette doctrine, n'en sont que plus ignorans. On les trouve si à gauche, qu'on ne daigne plus leur rien dire. Car l'esprit naturellement le mieux fait y prend de mauvais plis, & sitôt qu'on s'est accoûtumé à regarder les choses de ce sens là, on
ne

ne les voit plus comme elles sont. Je remarque aussi que quand on dit de quelqu'un de cét ordre, qu'il est savant en honnête homme, on se trompe pour l'ordinaire, & que c'est je ne sai quoi de faux & de poli tout ensemble, qui dégoûte encore davantage.

Pour ce qui est d'Euclide, & d'Archimede dont nous avons quelquefois parlé, ceux qui se veulent perfectionner dans leur science, ly font toûjours du progrés. Ce qu'elle enseigne est comme indubitable; & plût à Dieu que nous pûsions aprendre aussi seurement tout ce que nous voudrions savoir! Il est bon de prendre l'esprit de cette science a cause de quelque adresse, & de quelque justesse qu'elle peut donner. Mais il ne faut pas s'y engager trop avant. Elle retire les gens du commerce de la vie, elle rend trop speculatif, & pour rencontrer ce qu'on y cherche, & même pour le faire comprendre, il faut aller par de longs raisonnemens de ligne en ligne, ou de figure en figure, & quand on l'a trouvé, on reconnoît le plus souvent que l'on s'en fut bien passé. Outre que cette methode est lassante, & que jamais ce n'a été langage d'aucune Cour du monde; il me semble que tout ce qu'on dit de beau, de grand, & de necessaire, saute aux yeux quand on le dit bien.

Comme le Chevalier eut cessé de parler, le Mareschal qui l'avoit écouté attentivement, lui demanda si ce maître si régulier, qui marche toûjours en ordre à la tete des Docteurs, avoit enseigné des sciences si sombres à ce jeune Prince si brillant ? Il y a des connoisnoissances qui semblent plus curieuses que necessaires, répondit le Chevalier, & je ne croi pas que cet homme, qui savoit bien ce qui met les excellens Princes au dessus des mediocres, l'en eut beaucoup chargé. Il vouloit faire un Héros de ce jeune Prince, comme il en fit un, & le forma sur celui d'Homere. Il est vrai qu'en l'instruisant de ce qui pressoit le plus il ne laissoit pas de lui découvrir tout ce qu'il connoissoit de plus élevé. Ce qui me le fait dire, c'est qu'il mit au jour quelques livres de cette nature, & qu'Alexandre lui écrivit une lettre, qui témoigne assez le déplaisir qu'il en eut. Cette lettre, dit le Mareschal, seroit-elle venuë jusqu'à nous? Je serois bien-aise de voir si ce Prince avoit encore en cela le méme génie qui le faisoit admirer par tout ailleurs, & les grands hommes sont toûjours grands, jusques dans leurs moindres actions. Vous pourrez juger de la lettre, dit le Chevalier, car je m'en souviens, acause qu'elle n'est pas longue, & la voici mot à mot.

Vous ne deviez point donner au public tant d'excellentes choses que je tiens de vous ; & qu'aurai-je à l'avenir pardessus les autres, s'ils sçavent ce que vous m'avez appris? Vous n'avez pas songé que j'aimerois mieux etre au dessus des hommes du côté de l'intelligence & de l'esprit, qu'en tout ce qui regarde la puissance & la grandeur.

Voilà le billet, dit le Chevalier, & n'étes-vous point étonné qu'Alexandre l'ait écrit au milieu de sa gloire, & dans le fort de son ambition

ambition? Ne faloit-il pas qu'il eut le cœur bien vaste, & l'esprit d'une grande étendue, pour songer à des choses, dont les Conquerans ordinaires font si peu de cas? Quel homme! dit le Mareschal, il vouloit étre le premier par tout; & qui pourroit penser aprés cela que ce fut la fortune seule, qui le rendit si puissant, & que le merite n'y ait eu la meilleure part?

Mais pour revenir aux connoissances, je comprens fort bien que cét habile precepteur alloit à ce qui pressoit le plus. Il me semble seulement que pour étre un grand Prince, & pour gouverner le monde, on ne sauroit savoir trop de choses. J'en tombe d'accord, dit le Chevalier, mais il y a une extrême difference de s'instruire comme un artisan qui veut exceller dans son métier; ou de s'éclaircir sur les sujets qui se presentent sans autre dessein que d'aprendre ce que c'est & ne s'y pas tromper. Cette dernier connoissance, quoi que fort belle & fort utile, ne coûte guere, quand on voit des gens qui vont au but. Ce que je voudrois principa'ement pour un Roy, ce seroit qu'il eut de l'esprit, & qu'il fut honnéte homme: selon mon sens on ne sauroit étre assez achevé dans l'un ni dans l'autre.

Il est encore vrai, que quelque heureux que l'on soit, & quelque avantage de corps ou d'esprit que l'on puisse avoir, il faut essaier d'étre habile, & commencer par là si l'on peut, Sans cela le reste ne va pas toûjours bien, & méme il arr ve souvent que l'on tourne ce qu'on a de meilleur à sa ruine. Cependant on fait bien de s'en cacher, parce que la plûpart du monde de ne s'affectionne pas naturellement à ceux qui ont tant de prudence, & qu'il est plus favorable aux chercheurs d'avantures qui hazardent tout. De-là vient que de tant personnes, & particulierement les Dames, n'aiment pas tant Cesar qu'Alexandre.

Ce talent d'être habile, est une certaine adresse, & je ne sai quel genie à part qui consiste à se bien servir de ce qu'on sait, & de ce qu'on peut; mais lorsqu'on ne sait rien, & qu'on ne peut rien, on ne profite guere de ce genie. Il faut donc pour avoir à quoi l'emploier se mettre en credit, & s'instruire des choses selon qu'on en peut avoir besoin. Ceux qui ont cette sorte d'esprit, aiment bien à se faire valoir, & à prendre leurs avantages. Mais ils ne se mettent pas fort en peine de s'achever en quoi que se soit: outre que l'embarras du monde les empêche de s'attacher à rien de particulier. Aussi les plus habiles gens n'excellent pas en tout.

Je serois d'avis, dit le Mareschal, qu'un Prince s'attachât à l'Histoire; elle découvre tant de choses que l'on peut s'y rendre habile & savant, du moins en ce qui regarde la vie. Il est vrai, dit le Chevalier, que l'Histoire peut beaucoup servir, quand ce ne seroit que pour persuader ce qu'on veut, par des exemples, lorsqu'on n'a que de foibles raisons à dire, ou qu'on ne peut faire entendre les bonnes. Mais comme les évenemens sont divers, quoi que les conjonctures se ressemblent, il est mal-aisé d'y rien établir de solide, & je croirois que l'on pourroit être habile, & sa-

vant

vant sans le secours de l'Histoire. Avant qu'il y en eut ni trace, ni marque, les premiers hommes ne pouvoient-ils pas connoître le bien & le mal ?

Au reste toutes les choses possibles, que l'on se peut imaginer, sont comme autant d'Histoires, sinon du passé, ou du present, au moins de l'avenir : Car en cet espace infini du tems, & du monde, tout ce qui peut arriver rencontre son heure & sa place.

Cependant, comme l'Histoire est une espece d'experience, il est certain qu'on en peut beaucoup profiter: & puis il y en a de si bonne main, qu'encore qu'on les sache, on a du plaisir à les lire. Les Rois font bien de les apprendre, & même de s'informer des choses qui se passent de leur tems, pour avoir l'œil à ce qu'on y peut faire, & pour n'en pas perdre les occasions. Il faudra principalement faire considerer au jeune Prince que les Rois & les Empereurs qui ont été honnêtes gens outre la gloire qui leur en reste, ont encore passé une vie heureuse & agréable.

Mais la plus belle heure de la promenade se passe, & vous deviez, ce me semble, aller faire deux ou trois tours sur les bords de la riviere: Allons, dit le Mareschal, je n'y songeois plus si vous ne m'en eussiez averti.

Fin de la seconde Conversation.

TROISIE'ME CONVERSATION.

LE Chevalier vint d'assez bonne heure au logis du Mareschal, qui vouloit sortir, parce qu'il ne faisoit ce matin là ni vent ni chaleur. C'étoit un de ces agréables jours, qui ne sont ni trop clairs ni trop sombres. Le Mareschal étoit seul en sa chambre appuié contre les fenêtres qui regardent sur un jardin; & voyant entrer le Chevalier, il luy dit d'un visage gai, qu'il luy savoit bon gré de ne pas abandonner ses amis au besoin, qu'il songeoit à prendre l'air à cause d'un si beau temps, & qu'il seroit bien aise de se promener en si bonne compagnie. Le Chevalier luy répondit qu'il étoit extremément faché qu'elle ne fut meilleure. Je n'en doute point, reprit le Mareschal en soûriant, vous y avez le principal interet. On doit bien souhaiter d'être d'agréable conversation, quand ce ne seroit que pour s'entretenir soimême. Car on est quelquefois seul, & lorsqu'on s'ennuie de ses pensées, on ne s'en défait pas comme on veut. Cela ne m'arrive que trop souvent, dit le Chevalier; & même à l'heure que je vous parle, je suis fort aise d'être avec vous, & je sens bien que si j'étois seul, je serois peu satisfait de tout ce qui me vient dans l'esprit. Ce que vous dites ne me réjoüit, pas répliqua le Maré-

Mareschal ; car comme on s'aime toûjours un peu, on se flate bien aisement, & quand on n'est point content de ce qu'on pense, quelle apparence que les autres le soient, qui la plûpart du tems ne pardonnent rien ? Mais je ne veux pas être si difficile ; & marchant vers le jardin ; Allons, continuat-il parlant encore d'une maniere enjoüée, il ne faut pas se laisser abattre ; en se remuant on ranime sa vigueur & ses esprits. A tout hazard, si la promenade nous lasse, nous trouverons à nous reposer où nous allons.

Il y avoit en ce jardin des orangers bien fleuris, dont la veüe & l'odeur les rejoüirent. Ils firent quelques tours d'allée s'entretenant sur divers sujets. Aprés cela s'étant assis sous les orangers ; Joüissons de la retraite : dit le Mareschal, goûtons le repos qu'elle nous donne, & nous entretenons en liberté. Il me semble, dit le Chevalier, que l'on vit plus en deux jours de loisir, & que l'on y sent mieux la vie, qu'en deux ans d'affaire & d'embarras. Je trouve aussi que l'on void de plus grandes choses dans la retraite que dans le monde, ou du moins qu'on les y considére mieux. Car que voit-on de grand dans le monde, si ce n'est peut-être une armée, un siége de ville, ou la Cour d'un Prince ? On s'y accoûtume aussi-tot, & tout cela ne paroit grand que d'abord qu'on le voit. Mais si nous regardons les divers ouvrages de la nature, le coucher du Soleil, une nuit tranquille, & ces astres qui roulent si majestueusement sur nos têtes, nous en sommes toûjours étonnez. Ceux qui
ne

ne pensent qu'à leur fortune, sont occupez d'un petit monde artificiel qu'ils savent fort bien; mais ce grand monde naturel leur est inconnu.

C'est pourtant, reprit le Marechal, ce petit monde qui fait les grands hommes, ou, pour mieux dire, qui les connoitre. Car ceux qui n'en sont point, de quelque merite qu'ils soient, meurent sans que l'on sache qu'ils ayent vécu. Considerez d'ailleurs qu'il y a tel Prince qu'on veut revoir pour peu qu'on l'ait vû, & que la plus agréable solitude ne sauroit faire oublier. Cette sorte de vie est comme un enchantement, je tourne toûjours les yeux de ce côté-là. Et parce que je ne perds point de veuë nôtre jeune Prince; je vous demande d'abord si vous croyez qu'on le doive élever si mollement, & avec tous ces soins qu'on apporte volontiers à nourrir des personnes qui sont si cheres?

Je serois d'avis, répondit le Chevalier, que l'on eut en cela de grands égards à sa constitution. Cependant j'aimerois mieux que ce fut d'une façon plutôt un peu dûre que si délicate, pourveu qu'il n'y eut rien à craindre. On veut tant s'assurer du present, dit le Mareschal, qu'on hazarde pour l'avenir. J'ay vû quantité de gens qu'une trop grande délicatesse a perdus. On les avoit à ne pouvoir souffrir rien d'incommode, ni le moindre déréglement. Ils se couchoient & se levoient toujours à la même heure, & vous savez si le monde permet que l'on soit fait de la sorte. Aussi quand il faloit changer

K

de

de vie, ils n'avoient pas respiré deux mois l'air de l'armée, qu'ils ne fussent morts, ou mourans. Au lieu que les autres qui de bonne heure s'étoient accoûtumez à tout, se portoient-là comme ailleurs, & quelquefois mieux.

Je croi, dit le Chevalier, que l'on ne se défait jamais bien d'une nourriture si délicate, & que même l'esprit & le cœur s'en peuvent ressentir. Il me semble aussi qu'il seroit bon que le Prince seut se passer quelquefois de tout ce qu'on appelle pompe & magnificence, & qu'il n'y a rien d'inutile & de superflu qui ne devienne necessaire à force de s'y accoûtumer. Ce n'est pas qu'il faille écouter ceux qui grondent tant contre l'abondance, & qui ne peuvent souffrir les dorures, ny les beaux emmeublemens. La plû part de ces gens-là ne savent ce qu'ils veulent dire, & les autres pretendent se faire estimer en méprisant ce qui leur manque.

On sait assez que ces lambris si bien peints & ces tapisseries relevées d'or ne charment ni la douleur ni la tristesse, qu'on est moins sujet aux vapeurs quand on ne voit que les verdures de la compagne, & que les lits si magnifiques n'empeschent pas que bien souvent on ne trouve les nuits bien longues. On sait assez que ces richesses sont peu de chose, & que même elles peuvent nuire. Le mal pourtant n'est pas d'en avoir, mais de s'en croire plus honnéte homme, & de s'abaisser lorsqu'on n'en a point. L'honnéteté est bien au dessus de cela, & quand on viendroit à manquer de tout, &
qu'-

qu'on auroit beaucoup à souffrir, il ne faudroit pas s'en tenir deshonoré, non plus que d'être malade, ou de foible constitution.

Vous le prenez bien, dit le Mareschal, & je pense que de tems un tems on pourroit faire de legeres tentatives à nôtre Prince pour luy donner la connoissance, ou du moins le sentiment de certaines choses, dont les enfans n'ont guere accoûtumé de s'entretenir, & qui surpassent leur capacité ordinaire. Car encore qu'un enfant n'entende pas d'abord ce qu'on luy dit, en toute son étendüe, cela le prepare à le comprendre une autre fois. Ce sont comme de petits essais de la raison qui ne vient jamais tout d'un coup.

Je ne voudrois pas l'exercer sur des sujets en l'air ni fort recherchez. Ce qu'on dit de meilleur hors de propos, ou qu'on fait venir de loin, ne touche que bien peu, & ne laisse que des impressions confuses. La moindre occasion qui se presente, suffit pour dire quelque chose qui porte coup, & qui plaise. Car je trouve aussi qu'il est de consequence que l'on songe à luy faire l'esprit agreablement. Le plaisir que l'on prend à écouter & à regarder, fait que l'on en prend à s'instruire; & si les gens qui seront auprés de ce Prince, ont de la grace dans leurs actions & dans leurs paroles, il en retiendra pour le moins la maniere de vivre & de s'expliquer. Ce n'est pas peu de chose, si vous le considerez bien, que cette maniére agreable de se communiquer. Elle importe extrémément, dit le Chevalier;

& comme vous l'avez touché; c'est le plus seur moyen pour l'acquerir, que frequenter ceux qui l'ont, & qui la pratiquent. Car elle consiste pour l'ordinaire en des choses si délicates, qu'encore qu'on les sente, à peine peut on dire ce que c'est.

Mais que vous avez usé d'un mot qui m'a plû, faire l'esprit: Je me souviens de quelques bons maîtres, qui montroient les exercices dans une si grande justesse, qu'il n'y avoit rien de défectueux, ni de superflu : pas un tems de perdu, ni le moindre mouvement, qui ne servît à l'action. Ces maîtres me disoient, que si une fois on a le corps fait, le reste ne coute plus guere. Il me semble aussi que ceux qui ont l'esprit fait, entendent tout ce qu'on dit, & qu'il ne leur faut plus après cela, que de bons avertisseurs. Quand on en trouve, & qu'on s'entretient avec eux, on prend de certains sentimens, & de certaines veuës, qu'on n'auroit jamais de soi-méme, & je voi rien qui puisse tant contribuer à faire un grand homme.

Que vous me touchez sensiblement! s'écria le Mareschal: si dans mon enfance on m'eut découvert ce que je n'ai vû depuis qu'à force d'experience & de refléxions, qu'on m'eut épargné de tems & de peine! qu'un mot qu'on m'eut dit à propos, m'eut fait comprendre de choses! que j'en saurois que je ne sai point, & que je ne saurai de ma vie! Je repasse sur tant d'occasions que j'ai perdües, sur tant de choses que je ne me suis avisé que lorsqu'il n'étoit plus tems. Et combien pensezfez vous que je me reproche de faux pas que je n'eusse point faits, si quelqu'un m'eut donné la main ? Car tout le monde fait des fautes, & même les plus habiles gens; mais on ne s'apperçoit que des plus grossieres.

Comme il parloit avec beaucoup d'agitation, Monsieur le Mareschal, lui dit le Chevalier, il se faut consoler de tout; la vie ne merite pas qu'on se mette si fort en peine de quelle sorte on la passe. On n'est plus du monde quand on commence à le bien connoitre, au moins le voyage est bien avancé devant que l'on sache le meilleur chemin. Mon Dieu ! que vous avez raison ! repondit le Marechal, mais qu'on ne m'allegue pas, qu'il faut avoir un certain âge, pour entendre à un certain point. & que le bon sens ne peut venir que par une longue experience. Un enfant bien né comprend tout ce qu'on lui dit quand on cherche les moïens, & qu'on s'accommode à son genie. J'en conviens, dit le Chevalier, mais je ne voudrois pas le charger d'une longue suite d'instructions, & si methodiques. J'aimerois bien mieux ne lui dire que peu de chose, & que chaque precepte fit son effet, le loüer ou le blâmer selon qu'il donneroit sujet de l'un ou de l'autre, & lui rendre raison de tout ce qu'on lui diroit, ensorte qu'il vint de lui méme insensiblement à s'en faire l'application. Il vaut beaucoup mieux donner du jour à l'esprit que de remplir la memoire; & puis tant de preceptes si reguliers s'oublient avant que l'on s'en puisse servir. On vous

remet

remet dans un tems que vous en verrez, dit-on, quelque chose de rare, & ce tems est bien long à venir.

Il faut que tout ce qu'on dit, & qu'on apprend au jeune Prince, le rende plus habile, & plus agréable aujourd'hui qu'il n'étoit hier, & qu'on y remarque incessamment quelque progrés. Il seroit encore bon de l'accoûtumer à je ne sai quoi de libre & d'humain, qui fait qu'on aime les grands Rois. L'affection produit des effets qui lui sont bien particuliers. O que vous dites vrai! s'écria le Mareschal, & qu'est-ce pour un grand Prince que le don de se faire aimer? Je le mets au dessus de tout, reprit le Chevalier: mais combien pensez-vous que cette hauteur d'ame & d'intelligence, que vous savez, y contribuë? Vous touchez le plus important, dit le Mareschal, & c'est pour cela que si-tôt qu'il auroit appris ce qu'on enseigne en ces premieres années, je commencerois à lui donner de nouvelles veuës, j'estendrois ses connoissances, & je le menerois par tout. Mais de peur de le mal conduire, & de m'égarer en quelque païs inconnû, j'aurois un grand soin de choisir de fort bons guides, & les meilleurs ne m'échapperoient pas.

Les enfans, dit le Chevalier, ne sont pa ordinairement speculatifs, la plûpart sont agitez, & les divertissemens les emportent. Il s'en trouve pourtant d'un naturel assez sombre, & qui sont capables de se recueillir en eux-mêmes. Il seroit à souhaiter que le jeune Prince ne fût ni trop rêveur ni trop agissant.

C'est

C'eſt le tempérament le plus juſte & le meilleur qué de tenir & de tous les deux, & de pouvoir aiſément paſſer de l'un à l'autre. Car l'eſprit à force de penſer s'enfonce en lui-méme, & quand on l'y laiſſe trop long-tems, il devient farouche, & moins propre pour le monde. L'action trop continue & ſans relâche produit tout au dehors, & ceux qui s'y attachent perpetuellement, ne font point de reflexions, & ne ſont jamais de grands hommes.

Il faut méditer ce qu'on veut faire, quand on n'auroit que deux momens de loiſir: parce qu'on cherche en meditant les moyens d'attendre à la perfection; mais quand on croit les avoir trouvez, il eſt neceſſaire de les mettre en œuvre pour connoître s'ils ſont excellens; car on ne s'en peut aſſeurer que par l'experience. Que ſi ce qu'on s'imagine pour reüſſir en quelque choſe n'eſt qu'une pure idée, ou quelque invention trop difficile à pratiquer, on n'a qu'à l'eſſayer, on s'en deſabuſe ſur le champ. Il arrive parlà qu'on encherit de jour en jour ſur tout ce qu'on fait de plus achevé.

Quand je vins à la Cour, dit le Mareſchal, on étoit perſuadé que pour étre honnéte homme, il ne faloit que ſavoir danſer, ou courre la bague, ou quelque choſe de cette nature: chacun choſiſſoit l'exercice qu'il aimoit le mieux, & s'y attachoit comme ſi c'eut été ſon métier.

Ces ſortes de choſes donnent de la grace quand on les fait en galant homme, & méme quand on ne les fait pas; je veux dire que le corps en est plus libre ou plus dégagé, & que cela se connoit, quoi qu'on se tienne en repos. Vous savez que c'est un grand avantage que d'être bon acteur. L'action, dit le Chevalier, est une espèce d'expression, & comme les paroles bien choisies sont agréables, quand elles expriment des choses qui plaisent, tout ce qu'on fait de la mine ou du geste est bien receu, quand on le fait de bonne grace & qu'il y paroît du merite ou de l'esprit. Mais il ne faut pas s'y tromper, on est souvent acteur de rien, comme diseur de rien : L'action a ses défauts comme le langage, & pour exceller dans l'un & dans l'autre, il faut observer en tous les sujets ce qui doit plaire.

Ce talent d'être bon acteur me semble fort nécessaire aux personnes du monde, & c'est à peu prés ce qu'on appelle aujourd'hui, pour parler à la mode, avoir le bon air. Mais ce n'est pas seulement en cela que paroit le bon air, car il se répand sur tout, & pour dire en un mot ce que c'est, il consiste à bien faire ce qu'on fait. On le confond avecque l'agrément, quoiqu'il y ait beaucoup de différence. Le bon air se montre d'abord, il est plus régulier, & plus dans l'ordre. Agrément est plus flateur, & plus insinuant, il va plus droit au cœur, & par des voies plus secretes. Le bon air donne plus d'amiration, & l'agrément plus d'amour. Les jeunes gens qui ne sont pas encore faits, pour l'ordinaire n'ont pas le bon air, ni même de certains agrémens de maître.

Les gens qui ne veulent que discourir, dit le Mareschal en riant, aiment bien de pareils sujets

sujets pour faire paroitre leur esprit, & ce n'est pas si-tôt fait pour ceux qui les écoutent, mais quand on sait bien ce qu'on cherche, on ne dit rien d'inutile, & le bon sens, & les connoissances s'y font bien remarquer.

Pour revenir à nos anciens Courtisans, comme la plûpart des exercices ne sont que pour un certain âge, il arrivoit que ceux qui n'avoient songé qu'à cela, n'étant plus jeunes, ne savoient plus à quoi s'occuper.

Je ne voudrois donc pas qu'on fit son principal fonds sur les exercices : je sai bien qu'ils ne sont pas à négliger, mais il y a quelque chose de meilleur. En effet, j'ai toûjours crû qu'on ne devoit rien tant souhaiter que d'avoir de l'esprit, & que bien souvent on en manquoit par sa faute. Je suis encore plus persuadé que je n'étois, qu'il est impossible de n'en pas avoir quand on est élevé parmi de certaines gens.

Pour le moins, ajoûta le Chevalier, un tres-habile homme soûtient que peu s'en faut que tout le monde naturellement n'ait le même esprit, & que la principale différence ne vient que du soin qu'on a de le former, ou du tour qu'il prend de soi-même. Je n'en serois pas tout-à-fait d'accord, dit le Mareschal ; les avantages d'une naissance heureuse tiennent le premier rang, & l'art vient ensuite qui les acheve.

Pour ce qui est de s'instruire de soi-même, il arrive peu que l'esprit sans être aidé prenne les meilleurs voies, & je m'étonne de quelques Princes, qui ne laissent pas d'être de grands hom-

hommes, quoique dans leur enfance on ne leur ait fait connoître que fort peu de chose. La plûpart de ceux qui les approchent, s'imaginent qu'il ne faut pas aller si vîte, & que cela pouroit nuire à leur santé. Je veux bien croire que cette conduite est bonne, pourvû que l'on songe aux consequences, & que l'on se souvienne qu'il seroit bien dangereux d'accoûtumer un jeune Prince à n'avoir point d'esprit. Il faut donc chercher le moyen de les instruire en les réjouïssant, & leur apprendre toûjours quelque chose sans les fatiguer.

Mais pour revenir à ces Princes qu'on admire, & qui se sont faits d'eux mêmes, je ne voi pas qu'on puisse établir des maximes sur des exemples si rares : Je ne serois pas d'avis, non plus que vous, dit le Chevalier, qu'on se reposât là-dessus, & je croi que c'est le plus seur pour se rendre honnéte homme, que d'avoir recours aux honnêtes gens. Comme la voix vient en chantant, & que l'on apprend à s'en bien servir quand on l'exerce sous un bon maître ; l'esprit insinuë, & se communique insensiblement parmi les personnes qui l'ont bien fait. Il ne faut point douter que l'on n'en puisse acquerir, lorsqu'un habile homme s'en mêlé.

Ce seroit donc mon sentiment, continua le Chevalier, que ceux qui auroient de l'esprit & qui seroient honnêtes gens, non seulement fussent bien reçûs auprés de ce Prince, mais aussi que l'on eut soin de les connoître & se les attirer ; car pour l'ordinaire ils ne se font pas de fête. Il sçavent s'accommoder à leur fortune ; & d'ailleurs ils sont si rares, que celui qui s'y connoit n'en doit pas craindre l'affluence. Je ne me souviens point d'en avoir vû de ma vie un si grand nombre à la fois, que je ne l'eusse voulu encore plus grand.

Ces gens-là disent toûjours quelque chose qui plait, & ne font jamais rien, qui n'ait quelque marque d'honnêteté. A s'entretenir avec eux, & à les observer, on ne s'instruit pas seulement des choses qu'il faut savoir pour étre honnête homme, on apprend à s'en servir, jusqu'à se taire à propos, & de bonne grace. On en voit quelquefois sans les remarques ; ils me font souvenir de ces bons ouvriers qui s'empressent moins que les autres, & cela ne leur vient pas tant de paresse ni de négligence, que d'une certaine aversion qu'ont la plûpart des honnêtes gens à se faire valoir eux-mêmes.

Quand il m'arrive d'en rencontrer quelqu'un je le sai bien démêler, & quoi que j'entende dire de bonnes chose, & que j'en voie faire qui ont toute la grace qu'on peut souhaiter, je ne conclus pas pour cela. Ce n'est bien souvent qu'un langage emprunté, ou qu'un personnage qu'on jouë. Je prends garde si tout vient du fonds, & si rien ne se dément : Enfin, je ne regarde pas tant à ce qui me paroit de poli & de régulier, qu'à de certaines choses qui témoignent que l'esprit va loin ; & qu'il est de grande étenduë.

Les enfans ne cherchent pas toûjours les enfans ; ceux qui sont d'un naturel ambitieux & hardi s'aiment beaucoup mieux avec les hommes faits, sur tout quand ils sont

agréa-

agréables. Il me semble que l'on devroit accoutumer le jeune Prince à se divertir parmi eux; & peut-on s'imaginer, une voie plus seure & moins penible, pour se rendre le Prince le plus accomply de monde, que d'avoir dés son enfance de tels Courtisans?

Car comme un enfant sans étudier apprend la langue des gens qu'il entend parler, & la parle aprés cela naturellement; il ne manque pas aussi de prendre insensiblement les mœurs de ceux qui sont autour de luy, & tout ce qu'il acquiert de la sorte luy devient naturel. Il se faut servir le plus qu'on peut, reprit le Mareschal, de cette maniere d'instruire, mais elle ne suffit pas, pour bien parler, car il est nécessaire d'y mêler un peu d'art; & d'étude. Je l'avouë, dit le Chevalier, & même on ne sauroit trop avoir de l'un ni de l'autre. Mais il faut principalemen songer à je ne s ai quel esprit, que les livres ni les gens savans ne donnent gueres. Il me semble que ceux qui l'ont ne manquent ni d'art ni de science, & lors qu'on ne l'a point, pour achevé que l'on soit en quelque chose, il y a presque toûjous quelque malheureuse circonstance, qui gâte ce qu'on fait le mieux.

Puis qu'il ne faut que bien dire & bien faire pour être honnete homme, &, qu'il est question du bien dire; quand on auroit appris tous les secrets de la langue, avec tant d'autres choses qui s'enseignent pour bien parler; en verité ce ne seroit presque rien si l'on ne savoit que cela; car qu'elle apparence de plaire aux honnetes gens, & de les persuader, à moins que
de

de connoitre ce qui les peut toucher, & par quelle voye on les gagne? La pluspart des maîtres, si vous l'obsevez, n'en disent pas un mot. Sans cette connoissance, dit le Mareschal, il seroit bien mal aisé d'y reüssir, sur tout dans le commerce de la vie où le moindre faux pas est remarqué: Quand ce malheur arrive, on ne s'en releve pas comme on veut, & je voi bien que c'est le plus important que d'avoir cet esprit, & connoitre le monde. Je croi neantmoins qu'il seroit tres-difficile sans art ni sans regles, de bien parler sur toutes sortés de sujets.

Cet art, dit le Chevalier, s'apprend aisément, & c'est peu de chose, au moins de la sorte qu'on l'enseigne. La plufpart de ceux qui le sçavent n'en sont guere plus habiles, soit que les preceptes qu'on leur a mis dans la téte ne soient pas fort bons, ou qu'on ne leur ait pas appris à s'en servir. Que si l'on donnoit d'excellentes instructions, & qu'on les fit bien pratiquer en les donnant, ce seroit sans doute un grand avantage pour bien parler.

Quant aux regles qu'on donne; il faut suivre exactement celles de l'usage. La plufpart de ces regles regardent la pureté de langue, & je voi que beaucoup de personnes sans les avoir apprises ne laissent pas de les pratiquer. Il y a d'autres regles qui s'étendent plus loin, & qui sont prises du bon sens, & d'une longue experience. C'est que les maîtres du metier on remarque des choses qui ont réüssi quelque-fois, & à cause de cela ils ont crû qu'ils en pouvoient faire des regles. Mais elles sont bien souvent si incertaines, qu'on ne les doit observer que selon qu'on s'en ttouve, & qu'on le juge à propos, & lors qu'on s'y attache, il faut avoir égard au tems & aux circonstances. De sorte que si quelque chose qui valut mieux que tout ce qui s'est vû jusqu'icy, l'on se devroit servir de son invention.

Le bon art qui fait qu'on excelle à parler, ne se montre que sous une apparence naturelle: il n'aime que la beauté simple & naïve: & quoi qu'il travaille pour mettre ses agrémens dans leur jour, il songe principalement à se cacher. Vous souvenez-vous de ces jardins enchantez du palais d'Armide?

E quel che'l bello, e'l caro recresce a l'opre,
L'arte che tutto fà nulla si scopre.

Je trouve que le plus parfait est celuy qui se remarque moins, & quand les choses sentent l'art & l'étude, on peut conclure que ceux qui les disent n'ont guere de tous les deux, ou qu'ils ne savent pas s'en servir.

C'est la faute des gens qui parlent quand on ne les sauroit comprendre à moins que d'être savant, quelque esprit qu'on puisse avoir; Et pour ceux qu'on n'entend pas toûjours bien, parce qu'on a peu d'intelligence, ou qu'on ne sait pas le monde, il ne s'en faut prendre qu'à soi-même.

Mais en voilà beaucoup pour une seance; & si la promenade vous plait encore, je découvre le long de cette orangerie une certaine allée, où vous trouverez de la fraîcheur. Je
voi

voi bien, dit le Mareschal en se levant, que nous n'en dirons pas davantage pour aujourd'huy. Faisons encore deux ou trois tours, & dînons si vous m'en croyez; l'appetit commence à me venir. Aprés cela nous irons chez M. L. G. où nous joüerons tout le jour. Au reste je suis si conten de nôtre promenade d'hier, que je vous y veux remener demain, non pas au méme endroit; mais de l'autre côté de la reviére sur cette côte si élevé. Je passerai à votre logis, & si vous y étes nous irons à l'hermitage.

Fin de la troisiéme Conversation.

QUATRIE'ME CONVERSATION.

LE Mareschal, comme il avoit dit, vint prendre le Chevalier sur les quatre ou cinq heures du soir. Le tems étoit doux, mais un peu chaud à cause de la saison. Ils furent bien tôt arrivez à l'hermitage, qui n'est qu'à demi lieuë de la ville. C'est une cellule & une chapelle avec un jardin, où ils ne purent entrer, parce qu'il n'y a plus d'hermite, & que deux Religieux qui ont accoûtumé d'y étre, étoient sortis ce jour-là. Le Mareschal, & le Chevalier allerent décendre un peu plus loin dans un bois, dont les arbres sont assez hauts, & fort touffus. Sous cette epaisseur que le soleil ne sauroit penetrer, on marche sur le gazon comme dans une prairie où l'herbe ne commence qu'à poindre.

Aprés s'étre promenez quelque tems, ils s'arréterent sous un vieux chene extrémément couvert, & s'étant assis. Que dirons-nous, s'écria le Mareschal, ou que ne dirons nous point? J'ay passé la nuit à joüer où vous me laissâtes, dit le Chevalier, & cela m'a fort appesanti. Je ne l'ai pas remarqué, répliqua le Mareschal, quoi que nous ayons discouru sur le chemin. Le carrosse ne m'agite plus, dit le Chevalier, je suis en repos, & la fraicheur de ce bois m'assoupit. Je suis quelquefois comme vous étes, reprit le Mareschal, &

quand

quand je me considere en cét état-là, il me semble que je sens une certaine douceur qui se trouve entre le veiller & le dormir, & que je ne pense plus rien, si ce n'est que je pense que j'ay du plaisir. Mais je m'en passe ordinairement pour étre de bonne compagnie, & puis on en dort mieux la nuit.

Vous m'avez dit en venant, continüa le Mareschal, que les personnes qui s'expliquent le mieux, usent plus souvent de repetitions que les autres, & que neanmoins on croit que c'est un defaut. N'y auroit il point en cela tant soit peu de contradiction? Je m'en souviens, repondit le Chevalier, & je ne crois pas m'étre trompé. C'est que les gens qui parlent bien vont d'abord aux meilleurs mots, & aux meilleures phrases, pour exprimer leurs pensées: Mais quand il faut retoucher les mémes choses, comme il arrive, quoi qu'ils sachent bien que la diversité plait, ils ont pourtant de la peine à quitter la meilleure expression, pour en prendre une moins bonne. Au lieu que les autres qui n'y sont pas si délicats se servent de la premiére qui se presente; si bien que le hazard apporte de la varieté à leur langage. Et parce qu'on est bien-tot las d'une façon de parler trop frequente, encore que ce soit la plus juste, pour faire entendre ce qu'elle signifie; on ne laisse pas de sentir en cela quelque defaut; et ceux qui parlent purement y sont plus sujets que les autres.

C'est qu'il y a du bien & du mal en tout, & même dans le langage, qui d'un côté ne sçauroit étre trop pur. Mais la diversité delasse, &

si

si le moindre mot peut rencontrer sa place utilement, nôtre langue n'est pas si abondante qu'on le doive rejetter.

Quelques Dames qui ont l'esprit admirable, & qui s'en devroient servir pour rendre justice à chaque chose, condamnent des mots qui sont fort bons, & dont il est presque impossible de se passer. Les personnes qui en usent trop souvent, & d'ordinaire pour ne rien dire, leur ont donné cette aversion. Mais encore qu'il se faille soûmettre au jugement, & même à l'aversion de ces Dames, je croi pourtant que l'on ne feroit pas mal de s'en rapporter quelquefois à tant d'excellens hommes, qui jugent sainement & sans caprice, & qui sont assemblez depuis si longtems pour décider du langage. Je le croi aussi, dit le Mareschal, & ce n'est pas une affaire à negliger : car on passe les plus doux momens de la vie à s'entretenir : on fait même peu de chose sans parler, & je voi par experience que c'est un grand avantage que d'y réüssir. Mais ce qui me paroit en cela de plus grande importance, c'est qu'il se presente beaucoup d'occasions, où l'on a besoin d'adresse & d'esprit pour gagner les gens, & pour leur faire comprendre que l'on a raison. On se contente de se pouvoir acquitter passablement de tout ce que je viens de dire ; & la plûpart sont persuadez, que lorsqu'on fait bien une chose, ce n'est presque rien que de la faire un peu mieux. C'est neantmoins en quoi consiste la perfection, & ce qui met de la différence entre les excellens ouvriers, & les mediocres.

Vous

Vous m'avez tout-à-fait éveillé, dit le Chevalier, avec cét un peu mieux ; qui me paroît bien difficile. Mais qu'on est heureux d'y pouvoir atteindre ! Et je suis de vôtre avis qu'on ne le sauroit trop chercher pour la conversation, c'est le plus seur moyen de se faire aimer. Je voi de plus, que quand on est de bonne compagnie à l'égard des honnetes gens, on l'est aussi pour soi-même, & delà dépend le plus grand bon-heur de la vie.

Quant aux occasions dont vous parlez, où les plus habiles l'emportent presque toûjours, il me semble que les meilleures choses qu'on invente pour persuader, ne sont bonnes que selon qu'elles sont honnetes, & que l'on ne doit pas vouloir vaincre à quelque prix que ce soit comme les Princes Barbares, mais comme les Héros d'une maniére qui plaise, & même aux vaincus.

Je ne trouve rien de si beau, que d'avoir le cœur droit & sincere. Il me semble que c'est le fondement de la sagesse ; au moins tous les méchans me sont suspects de folie. Il est impossible d'avoir l'esprit grand & bien fait, qu'au travers des intérests du monde, & même dans l'emportement des plus violentes passions on n'entrevoye ce qui seroit le plus honnete & qu'on ne l'aime.

Ceux qui ont le cœur droit, ont le sens de même pour peu qu'ils en ayent ; & prenez garde que de certaines gens, qui ont tant de plis & de replis dans le cœur, n'ont jamais l'esprit juste : il y a toûjours quelque faux jour qui leur donne de fausses veuës. Et puis l'artifi-

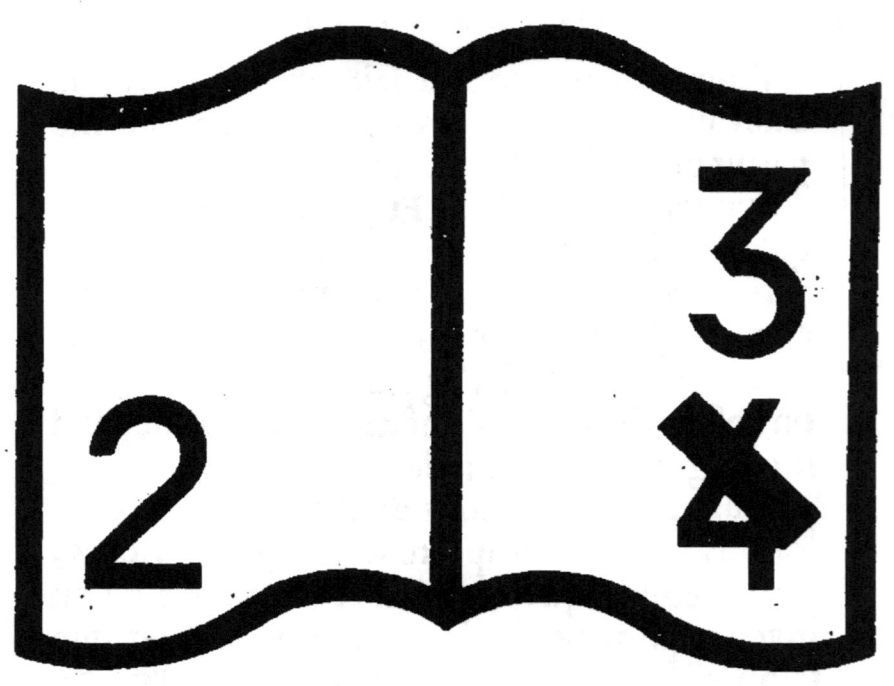

Pagination incorrecte — date incorrecte

NF Z 43-120-12

ce & les ruses témoignent qu'on n'a pas assez de talent pour faire ce qu'on veut par les belles voies. Le parti qui plait aux honnetes gens est celui de la franchise & de la simplicité.

Qu'une source si pure donne de grace à toutes les actions de la vie! qu'elle embellit les mots & les pensées! & que c'est une aimable chose que de bien parler quand cét air ne l'abandonne point! Peut-être qu'en suivant cette maxime on ne sera pas heureux en tout; & les biaiseurs le sont ils? Mais du moins on est assuré d'acquerir l'estime & l'affection de ceux qui connoissent le vrai merite; & que peut-on souhaiter de plus grand?

Comme le Chevalier parloit de la sorte, il prit garde que le Mareschal étoit tout entier à l'écouter, & craignant qu'une si grande attention ne lui pût nuire, il cherchoit à le détourner par quelque digression enjoüée. Le Mareschal qui s'en apperceut, Je voi bien, luy dit-il, que vous voulez ménager ma santé, mais vous n'en prenez pas le chemin. Il faut traiter les gens selon leur esprit, & s'accommoder à leur gout. Ce qui divertit la plûpart du monde m'ennuye, & les choses de sens & de raison ne me lassent point: mais principalement celles, qui me pourroient rendre plus honnete homme me plaisent toûjours. Et bien continuons, luy dit le Chevalier, on ne vous croiroit pas si serieux.

Parmi les personnes rares, dont j'ai quelque idée, j'en voi qui se sont emploiez si noblement à tout ce qu'ils ont entrepris ;
que

que l'on n'y sauroit penser sans admiration. J'en remarque aussi qui parloient d'une maniere si élevée, qu'il est bien mal-aisé d'y atteindre. Il faut pourtant tâcher d'égaler les uns & les autres, & même de les surpasser si l'on peut. Car soit qu'on agisse, ou qu'on parle, il n'y a que les choses de cette valeur, qui meritent qu'on les aime, & qu'on les admire. Quand le cœur & l'esprit sont pleins de ces sentimens, & que l'on s'y accoûtume dés l'enfance, on peut espérer quelque chose de bien rare, & de bien exquis.

Du reste, que l'on ne se mette point en peine si tout sera suivi & soûtenu. Il n'importe guere que l'on soit d'abord si égal, ni si régulier, pourveu que la maniére soit si belle & si noble, que ceux qui la considérent ne puissent dire jusqu' où l'on peut aller. On se perfectionne avec un peu de tems & de soin ; & tout ce que l'on commence de bonne grace, il semble que la Fortune se plaise à l'achever de même.

Je connois des gens qui parlent bien, & qui ne font point de ce qu'on appelle des fautes mais c'est toûjours le même ton. L'on sait ce qu'il en faut attendre ; & selon mon sens, tout ce que l'on doit le plus craindre & le plus éviter ; c'est de n'avoir rien de haut prix.

Il peut arriver que c'est faute d'occasion que l'on ne dit rien d'excellent, & que le sujet ne le permet pas. Il est pourtant vrai qu'il n'y en a point de si mal-heurex que l'on ne pût tourner de quelque sens agréable, si l'on sçavoit se bien servir de son esprit.

Car

Car ce qui la plûpart du tems nous paroit difficile, & même impossible, ne l'est pas tant de soi-meme, qu'à cause de nôtre peu d'adresse, & de nôtre peu d'invention. De sorte que l'on feroit beaucoup de choses qui donneroient de l'étonnement; si l'on avoit assez d'industrie, pour en découvrir les vojes, qui ne ne laissent pas d'etre encore qu'on ne les trouve point.

Tant qu'on est jeune, on ne juge sainement de rien, & s'il arrive que l'expérience, ou les réflexions, ou la rencontre de quelque personne intelligente fassent prendre un autre esprit, on méprise ce qu'on avoit admiré, & bien souvent on rit de soi-méme, quand on s'examine sans se flater. Mais si quelqu'un connoissoit la juste valeur de tout, ne croyez-vous pas qu'il auroit bien à se divertir de la plûpart des gens qu'on estime, au moîns de ceux qui présument? Car pour les autres qui se content pour rien, ou qui sont peu satisfaits d'eux mêmes, on ne s'en sauroit moquer, quand ils ne feroient que des fautes, parce qu'ils savent bien que tout le monde en peut faire; & qu'ils n'agissent que sur cette maxime là.

Cependant bien qu'on entrevoye ou qu'on s'imagine quelque chose de meilleur que ce qu'on dit, il ne faut pas laisser d'avoir un peu de confiance pour le bien dire, & de bonne grace. Mais rien n'empéche tant d'approcher de la perfection, que de croire qu'on la trouvée.

Il me vient dans l'esprit, dit le mareschal en riant, que plus on seroit achevé, plus ce que nous disons pourroit servir, & que nos en-
ter-

tretiens sont à peu prés, si la comparaison ne vous choque point, comme les Commentaires de Cesar, où l'on ne sauroit beaucoup profiter, à moins que d'être un grand homme de guerre. C'est que nous ne touchons qu'en passant ce qui se presente pour faire un honnete homme, & que nous ne parlons que pour ceux qui ont de cet esprit qui nous anime, les autres n'iront jamais bien loin. Mais croyez-vous que cét esprit se puisse acquerir ? & si vous le jugez ainsi, par où voudriez-vous commencer pour le donner aux enfans ? car il ne faut pas prétendre de les mener si haut du premier coup.

Quand on éleve un enfant, répondit le Chevalier, il seroit à desirer que d'abord on essaiat de lui faire aimer ou haïr ce qui merite l'un ou l'autre, autant que l'enfance le permet, & de faire en sorte qu'il eut le gout bon. Car si je me veux expliquer, il faut bien que je me serve de ce mot dont tant de gens abusent. La bonté du gout luy feroit connoitre ce qu'on doit souhaiter d'acquerir, & les moyens pour y pouvoir exceller : Que s'il avoit par avance le sentiment juste du bien & du mal, ce qui se passeroit autour de lui l'instruiroit sans gouverneur, & même l'aversion des mauvaises choses, quand il en verroit, lui feroit comme une leçon pour les éviter.

On ne sauroit avoir le gout trop délicat pour remarquer les vrais & les faux agrémens, & pour ne s'y pas tromper. Ce que j'entens par là, ce n'est pas être dégouté comme un malade ; mais juger bien de tout ce qui se pre-
son-

sente, par je ne say quel sentiment qui va plus vite, & quelquefois plus droit que les réflexions. Il ne faut pas pour-cela rejetter sévérement ce qui déplait, ni se mêler beaucoup de reprendre. Il vaut mieux songer à faire bien ce qu'un autre fait mal; la vie en est plus commode, & la maniére d'instruire plus agréable. Je voudrois aussi faire en sorte qu'un jeune homme eut de l'esprit, & le cœur comme on le doit avoir. L'esprit invente des moyens pour atteindre à la perfection, & le cœur est nécessaire pour pratiquer ce qu'on juge de meilleur : car l'honneteté n'est pas une simple spéculation, il faut qu'elle agisse & qu'elle gouverne.

On voit assez d'enfans, dit le Mareschal, qui ne laissent pas d'avoir quelque prudence, & de prévoir ce qui leur peut nuire, & ce qui leur peut servir. Mais ce qu'on appelle avoir le gout bon, car je ne crains pas non plus que vous d'user de ce mot, toutes les bonnes façons de parler ont bonne grace, quand on n'y sent point d'affectation, & qu'elles sont bien employées : ce qu'on appelle, dis-je, avoir le gout bon, il ne faut pas l'attendre des jeunes gens, à moins qu'ils n'y soient extrémément nez, ou que l'on n'ait eu grand soin de les y élever. Je ne sai d'où cela vient, si ce n'est que par un instinct naturel ils vont d'abord à ce qui leur paroit le plus nécessaire, & que le reste les touche fort-peu.

C'en est une excellente raison, dit le Chevalier, & je regarde aussi qu'il est bien malaisé quand on est si jeune, de n'être pas surpris
de

de ce qui brille, & qui donne dans les yeux. Il en faut le plus qu'on peut desabuser les enfans, acause qu'ils ont tous cela de commun avec le peuple, & meme ceux qui sont nez Princes, qu'ils cherchent volontiers le spectacle & la décoration. Mais les gens faits, & qui jugent bien, n'aiment pas les choses de montre, & qui parent beaucoup, quand ellus ne sont que de peu de valeur. Celles qui n'ont guere d'éclat, & qui sont de grand prix, leur plaisent. Cela se remarque en tout, & meme en ce qui concerne l'esprit & les pensées. Car si ces sortes de choses semblent fort belles, & qu'elles ne soient belles qu'en apparence, elles dégoutent tout aussi-tôt, & celles qui le sont sans le paroître, plus on les considére, plus on les trouve à son gré. C'est qu'elles sont belles sans être parées, & qu'on y découvre de tems en tems des graces secretes, qu'on n'avoit pas apperçuës.

D'où vient, dit le Mareschal, que des gens qui s'expliquent de bonne grace sur de certains sujets, sont si differens d'eux-memes, quand ils se melent de parler d'autre chose? & n'admirez-vous point, que cét homme que nous avons connu, & qui avoit tant d'esprit, nous ait laissé de si mauvaises lettres d'amour, lui qui hors de là en écrivoit de si bonnes? Comment cela se peut-il faire, & n'est-ce pas toujours le meme génie: C'est bien le même génie, repondit le Chevalier, mais le plus accompli du monde n'est jamais également propre à tout? & la diversité des sujets lui fait produire des effets biens differens.

L   D'ail-

D'ailleurs, pour bien faire une chose, il ne suffit pas de la savoir, il faut s'y plaire, & ne s'en pas ennuyer. Je voi qu'ordinairement les bons maîtres parlent bien de ce qui regarde leur métier, & je m'imagine que celuy de cét homme n'étoit pas d'aimer, ou du moins qu'il ne l'avoit jamais bien sû. On ne sauroit dire que c'est faute d'esprit, si ses lettres d'amour ne sont pas du prix des autres, car il y en a quelque-fois de reste: mais c'est de l'esprit mal employé. Lors qu'il est question de toucher le cœur, il s'amuse à subtiliser, & à dire des gentillesses. Il écrit à une Dame, dont il étoit violemment amoureux, que son ame est si foible qu'elle n'a pas la force de le quitter, & que cela luy conserve un peu de vie: Il écrit aussi à quelque autre, que ce qui l'empesche de mourir, c'est qu'il y auroit du plaisir, & qu'il n'en veut pas recevoir en son absence.

Il avoit pris ces inventions des Espagnols, & je ne doute point que ce ne soient de bons modéles. Mais il en usoit à contre-tems. Car cette maniere galante & même enjoüée, qui pourroit être bien receüe au commencement d'une amour, n'est pourtant pas de saison dans le plus fort de l'accés, où l'on n'a guere accoûtumé de rire & de badiner. Du reste quand il parle serieusement, il ne s'attache qu'à persuader son amour, & ce n'est pas le plus hâté que de declarer, ni de persuader que l'on aime. Il vaut beaucoup mieux penser à rendre son affection agréable. Car une belle femme s'imagine aisément qu'elle ne déplait

plait point, & je croy qu'elle a raison. Mais elle ne demande pas toûjours d'être aimée, & le plus important consiste à faire ensorte que si cela étoit elle en fût bien aise; Il faut au moins commencer par là. Je voi qu'il examine ponctuellement tout ce qui se passe dans son cœur, & pour en dire mon avis, il se devoit souvenir qu'il n'est pas de la nature des passions violentes de refléchir sur elles-mêmes. Un homme emporté de colere ne songe pas qu'il est en fureur, & quand on est accablé d'amour, on ne s'apperçoit pas de l'être, ou pour le moins si l'on y prend garde, on se considére alors comme dans un état naturel, qu'on ne croit pas qui puisse changer. Je regarde aussi qu'il exagere tant ses ennuis & son desespoir, que l'on sent que tout cela est faux. Il est bien mieux d'en dire peu & d'en donner beaucoup à penser. Il faut même la plûpart du tems que cela se connoisse sans le dire, & sur tout ne point faire de plainte qui sente l'artifice, & qui puisse faire douter de ce qu'on dit. Cette avanture d'Astrée & de son Amant qui se jetta dans le Lignon, est simple & naturelle : Ils ne se dirent point de choses si réchercheés. Mais leur affection ne paroit pas seulement dans leurs paroles, tout ce qu'on observe en eux, la découvre, & jamais on n'a rien vû de plus touchant.

Il me semble d'ailleurs, qu'il n'y a point de sujet qui souffre moins les fausses beautez, & que cét homme contre son ordinaire en avoit quelquefois lors qu'il écrivoit des lettres d'amour. Mais ce qui fait principalement qu'elles dégoûtent, c'est qu'il y va trop à découvert. La belle Déesse, dit un ancien Grec, ne trouve nullement bon que l'on parle si ouvertement de ses misteres ; & quand personne ne le diroit, qui ne void point qu'un voile en cela fait un bon effet, & que l'expression n'y sçauroit être trop délicate : témoin ce vers,

J' en connois de plus miserables ?

Je trouve pourtant, dit le Mareschal, que cét homme a fait quelque chose d'admirable en ce genre, & cela s'accorde mal à ce que vous croiez de luy, que ce n'est pas ce qu'il savoit le mieux. Peut-on rien voir de plus achevé que ce qu'il fait dire à son Heroïne ? La gloire, répondit le Chevalier, ne lui en est pas entiérement deuë : Une Dame qui lui en avoit donné le dessein & l'invention y doit avoir la meilleure part. C'est cette Dame qu'il a si bien représentée en la personne de Zelide. L'ouvrage a été quelque temps entre ses mains avant qu'on l'ait vû ; ce qui vous a charmé vient d'elle, & comme vous la connoissez vous n'en devez pas être surpris. Vous m'apprenez-là bien des choses, dit le Mareschal, & peut-être pensez-vous que je n'ai plus à m'éclaircir de quoi que ce soit ; mais j'ai encore une question à vous faire.

Qu'est ce qu'on entend par cette haute éloquence qui fait tout ce qu'elle veut, à ce que disent tant de gens ? Je l'ai demandé à quelques-uns qui se vantoient de la connoitre, & personne jusqu'ici ne me l'a bien fait comprendre. Ce que vous me demandez, répondit

dit le Chevalier, est si peu connû dans le monde, que même le mot d'éloquence y pourroit être mal receu. Car il me semble qu'on n'en use guére que pour se joüer de ceux qui se plaisent moins au bon sens qu'aux belles façons de parler.

On s'en peut servir en raillant, reprit le Mareschal: il y auroit pourtant bien de la délicatesse, & même de l'ignorance de le rebuter mal à-propos. D'ailleurs, on ne parle guére à la Cour que de ce qu'on y void, & cette veuë où chacun s'intéresse aisément, fait trouver ce qui s'y dit, agréable. Mais en des lieux reculez, comme ceux-ci, à moins que de s'entretenir sur de certains sujets, dont la Cour est fort en repos, on passeroit mal son tems.

J'en tombe d'accord, dit le Chevalier, & ce que vous cherchez, merite bien d'être examiné. Mais la plûpart des choses que nous considérons par le sentiment plûtot que par la raison, sont toûjours un peu douteuses. Celle-ci est de ce nombre, & toutes celles qui regardent les graces, & même la beauté, dont la cause est pourtant moins cachée que celle des graces. S'il étoit question de deux belles femmes qui plaisent, laquelle seroit la plus agréable, & même laquelle seroit la plus belle ; on auroit bien de la peine à le décider, ou pour le moins à le faire connoître si clairement, que tout le monde en demeurât d'accord. On pourroit dire en pareille occasion, Telle chose fait tel effet en moi ; mais je ne sai comment les autres s'en trouvent. Je prens

prens ces devans pour me servir d'excuse si j'ai quelque sentiment particulier.

Il me semble que cette haute éloquence n'est pas comme on se l'imagine. On veut qu'elle éblouïsse, & qu'elle soit toûjours sur le haut ton. Car comme on est persuadé, que le stile simple & familier est bas on croit aussi qu'elle n'y sauroit paroitre en son naturel. C'est que l'on a plus d'égard à la parure qu'à l'excellence de la chose, & que l'on ne songe pas qu'il en faudroit juger comme de l'or, qui est estimé selon qu'il est plus fin & plus pur. Je croirois tout au contraire de ceux qui la veulent toûjours orageuse, qu'elle aime naturellement à se montrer sans fracas & sans bruit.

Comme elle est la plus belle, & la plus noble, elle est aussi la plus difficile, & la moins commune. Elle vient d'un discernement juste & subtil, mais si haut, & de si grande étenduë, qu'on ne trouve rien audessus ni audelà. C'est un feu pur & vif, & l'on en void par hazard quelque lueur, même dans les entretiens les moins recherchez.

Quoy qu'elle s'adresse principalement à l'esprit, & qu'il semble qu'elle n'ait pour but que de le gagner, elle ne laisse pas d'aller jusqu'au cœur. Il est vray que si l'on veut apporter du trouble à l'ame, & la mettre en desordre, il faut prendre une maniére plus sensible, & des tons plus animez; mais cette haute éloquence ne se trouve que dans la hauteur des pensées. Ceux qui ne la reconnoissent qu'à ce qu'on appelle un beau stile, ne remarquent pas, si je ne me trompe, ce qu'elle a de plus exquis.

Il

Il me semble aussi qu'il faut un grand fonds de beauté pour soûtenir de grands ornemens, & qu'il arrive peu que l'on pense des choses, où ces façons de parler si magnifiques soient bien dans leur place, & bien en œuvre. Ce que je viens de dire a fort peu de prise & pourroit bien s'échaper ; peut-être que nous le verrons mieux dans un sujet plus sensible & plus connû.

Quand les Dames veulent paroître comme à l'envi dans une grande assemblée, vous sauvez qu'elles s'ajustent, pour plaire plûtot que pour éblouïr : aux unes la plus riche parure est bonne, aux autres le plus modeste, & d'ordinaire elles n'aiment pas les extrémitez, elles ne cherchent rien de trop sombre, ni de trop éclatant ; mais à peine en void-on deux d'une meme parure, & cette diversité embellit la scene.

Puisque j'en suis venu là, je trouve que l'éloquence qui pense bien, & qui s'explique mal, est à peu pres comme une belle femme mal ajustée, ou dans un habit négligé ; & que celle qui se fait peu considerer du côté de l'esprit, mais qui se sert du langage adroitement, represente assez une femme mediocrement belle, mais qu'on trouve toûjours ajustée, ou toûjours parée ; & ce grand soin ne fait pas que l'on en soit charmé. Que si l'esprit se rencontre avec l'adresse de dire les choses, c'est la beauté meme où rien ne manque, & le comble de l'agrément.

Je suis fort content de l'idée que vous m'en donnez, dit le Mareschal, & je conclus de tout

tout cela, que pour bien parler, il faut chercher dans le sujet ce qu'on y peut rencontrer de meilleur & de plus agréable ; mais qu'il ne faut pas tant s'attacher à donner de l'éclat aux choses que l'on dit, qu'à les mettre de la maniére qui leur vient le mieux.

Je ne voudrois pas commencer par un endroit fort brillant ; il est bien à souhaiter que tout ce qu'on dit soit bon, & même beau ; selon que le sujet le merite : mais il y faut aller par degrez : la nature en cela, comme en tout le reste, est une maîtresse bien Savante. Voyez comme elle marche insensiblement, & que le plus beau jour qui ne commence qu'à paroitre, a si peu d'éclat, que l'on doute si c'est le jour ou la nuit. Je vous découvre tous mes sentimens, & si je me trompe, ou que je prenne l'un pour l'autre, j'espere que vous m'en avertirez.

A mon gré rien ne témoigne tant que la maniére de s'expliquer est noble & parfaite, que de laisser comprendre de certaines choses sans les dire : l'expression est assez claire si l'on entend tout ce que quelqu'un dit, quoi qu'on n'entende pas d'abord tout ce qu'il pense, & que son sens s'étende plus loin que ses paroles.

On cherche bien souvent tant de finesses sur un sujet, que ce qui étoit bien dit ne l'est plus ; quand on a touché juste, on fait bien de s'en tenir là, & de passer à d'autres choses : Je voudrois même leur donner un autre tour à cause que la diversité ne lasse point.

Il faut que celuy qui parle s'accommode
à l'in-

à l'intelligence de ceux qui l'écoutent. Plus on a d'esprit, plus on y doit prendre garde. Même à force de penser & de dire des choses que la plûpart des gens ne sont pas accoûtumez d'entendre, quoi qu'on s'explicat tres clairement, on les pourroit mener si haut, que la téte leur tourneroit. Ce defaut neantmoins auroit son prix, & je le trouve si rare, que je ne voi personne qui s'en plaigne, & qui ne le voulut avoir. Au pis aller, on s'en corrigeroit aisément.

Pour ce qu'on appelle de bons mots, je croirois qu'ils ne dépendent pas moins du sujet & même du hazard, que de l'intelligence & de l'esprit, & qu'il faut attendre l'occasion pour en dire. On s'en passe bien, ce me semble, & c'est assez de parler en honnete homme, & de dire sur tout ce qui se presente des choses justes & bien prises : cela vaut mieux que les bons mots. On les aime pourtant, & je ne m'en étonnerois pas, si en effet c'étoit de bons mots ; mais j'admire que les équivoques, qui n'en ont que l'apparence, ayent mis en honneur des gens d'un esprit bien médiocre. On affecte d'en dire aujourd'huy comme on faisoit il y a quelque tems de faire des portraits. Car il y a toûjours, comme vous savez, quelque faux agrément dont le monde est abusé.

Je trouvois, dit le Chevalier, cette mode assez mal inventée. Car pour être écouté avec plaisir, il faut dire des choses que l'on soit bien-aise d'entendre, & les dire agréablement. Il me semble que ces faiseurs de portraits ne faisoient ni l'un ni l'autre. On ne vouloit point connoitre la plûpart de ceux qu'ils reprefontoient si curieusement, & du reste leur manière de peindre n'est pas fort bonne. Car pour faire croire des gens ce qu'on remarque en eux de rare, ou de singulier, soit qu'on les eleve ; ou qu'on les abaisse, il y a des moyens plus seurs, & plus nobles, que d'en peindre comme ils faisoient jusques aux moindres traits.

Les excellens peintres ne peignent pas tout : ils donnent de l'exercice à l'imagination, & en laissent plus à penser qu'ils n'en découvrent. Ce Grec si celebre par son génie, & par ses inventions, ne s'amuse pas à décrire Helene. Il ne dit presque rien de son visage, ni de sa taille. Cependant il a persuadé à toute la terre que c'étoit la plus belle femme qu'on ait jamais veuë.

Le Tasse, qui d'ailleurs touchoit en Maitre, eut bien fait de l'imiter ; & quand il parle de l'arrivée d'Armide dans le camp des Chrétiens, s'il se fut contenté de dire en deux ou trois mots, que dès qu'elle parut, & qu'on l'eut ouïe, l'on vouloit tout abandonner pour la suivre, & que meme le General qui devoit être plus retenu, & moins sensible, en fut tenté, nous la trouverions sans doute plus aimable. Tout ce qu'il assemble des charmes de la nature, & de l'artifice, ne donne pas une si belle idée, que celle que l'on se fait faire à soi-meme, & l'on n'y manque jamais.

Les Graces ne paroissent que fort rarement, & meme lors qu'on les void elles ne veulent pas qu'on les considere à plein, ni à découvert : il est mal-aisé de les peindre. Et quand on en viendroit à bout, comme chacun les regarde avec des yeux bien différens, la peinture ne satisferoit pas tout le monde.

Mais le Soleil se couche, & ne seroit i'point tems de se retirer? Allons, dit le Mareschal, & si vous le jugez à propos, marchons quelque tems pour faire encore un peu d'exercice.

Fin de la quatriéme Conversation.

CINQUIE'ME
CONVERSATION.

LE Mareschal recevoit souvent des lettres de Paris & de la Cour; & comme il en écrivoit aussi pour entretenir ce commerce, il montroit quelquefois au Chevalier ce qu'il avoit écrit. Je ne sai pourquoi l'on s'imagine qu'il n'excelle pas en cela comme à parler. Il me semble que ce qu'il écrit sent fort l'honnete homme, & qu'on y trouve toûjours de l'esprit.

Il est vrai que la conversation ne demande pas tant d'arrangement, & qu'elle se passe d'une certaine liaison si exacte qu'on n'observe guere en parlant. Je croi neanmoins que si on l'observoit sans qu'elle parut ni contrainte, ni affectée, on en parleroit beaucoup mieux. Quoi qu'il en soit, si les choses qu'on dit sont bonnes separément, & qu'on ait de la grace à les dire, elles sont bien receuës. Mais pour l'ordinaire ce qui s'écrit veut étre joint & lié, sans que l'on y sente pourtant ni soin ni travail. Et si quelqu'un prétend faire quelque chose que l'on soit bien aise de lire; ce n'est pas assez que chaque piéce plaise en elle-meme, il faut qu'elles soient faites l'une pour l'autre, & qu'il y ait des proportions.

On remarque du Mareschal qu'il veut toûjours briller; & quoi qu'il songe principalement

ment à plaire aux gens qui s'y connoissance; il ne néglige pas l'estime des autres. Il est en cela comme ces Dames, qui ne peuvent souffrir que personne s'en sauve. A la réserve de quelque histoire, ou de quelques relations, & d'un petit nombre de livres qu'il a lûs, il ne sait que le monde, & ne laisse pas d'entendre tout ce qu'on lui dit. Il arrive même assez souvent qu'il encherit sur des choses qu'il ne vient que d'apprendre, & qu'il va plus loin qu'on ne le pensoit mener. Que seroit-ce d'un jeune homme de cet esprit qui seroit élevé par de bons maîtres?

Le Chevalier vint chez luy le lendemain d'une conversation qu'ils avoient euë. Le Mareschal s'étoit retiré dans sa chambre au sortir de table & voiant entrer le Chevalier. Je vous ai bien souhaité, lui dit-il, pour me soutenir contre cinq ou six hommes fort savans, qui seroient d'assez bonne compagnie, s'ils avoient le sens commun. Avant que de nous mettre à table je les ay mis aux mains, & j'ai parlé à mon tour: Mais lorsque je croyois le plus triompher, il y en avoit deux, si je ne me trompe, qui se disoient tout bas qu'ils ne pouvoient comprendre ce qu'on trouvoit en moi de si rare. Ils me font souvenir, dit le Chevalier, d'un fort habile homme, que je connois, qui avoit lu tout le Tasse avec beaucoup d'attention sans y avoir remarqué ni esprit ni agrément.

On ne s'éclaircit de rien avec ces sortes de gens, reprit le Mareschal; ils ne prennent jamais bien les choses qu'on leur dit: celles qui n'ont point de sens, ne laissent pas d'en avoir pour eux, & tout ce qu'on leur propose de bien clair, leur paroit obscur. D'ailleurs, c'est un langage à part que je n'entends point, & qui seroit fort mal receu dans le monde. Il arrive aussi qu'au lieu de venir au nœud de de l'affaire, ils vous mettent ce que vous leur demandez en tant de parties, que l'une fait oublier l'autre, & qu'on ne sçait plus ce que c'est. J'ai bien du plaisir à leur voir ranger en si bel ordre des choses de si peu de consequence. Quand on a l'esprit juste, ou suit assez tout ce qu'on entend dire, ou qu'on dit soi-méme : sans y apporter tant de façon. J'aime dans la conversation ; que l'on cherche une agréable diversité ; que l'on passe par des lieux détournez, & que l'on s'éleve de tems en tems si l'occasion le permet. Quoi qu'on s'écarte, & qu'on prene l'essor, on se retrouve bien. Il faut, si l'on m'en croit, aller par tout où mene le génie, sans autre division, ni distinction, que celle du bon sens. Au-moins cette maniére est plus conforme à nos sentimens, & à nos pensées, que cette méthode si réguliére de quelques gens qui déguisent tout. On n'y voit rien de naïf, ni le plus souvent rien de réel ; & quand on éleve des enfans, pourquoi les accoûtumer à des biais si contraints, & qu'ils ne sauroient un jour pratiquer sans se rendre ridicules ?

L'étude peut nuire, ajoûta le Chevalier, du moins il ne faut pas prétendre qu'elle fasse infailliblement des chef d'œuvres. Ni le monde aussi, dit le Mareschal, n'en fait pas toûjours,

jours, & principalement les gens qui ne se font faits qu'à l'armée, ne sont pas pour l'ordinaire d'aimable entretien. On dit en récompense qu'ils ont de l'acquis & de l'honneur, comme si cela les mettoit à couvert de tout; & nous pouvons dire entre nous, que rien ne des honore tant, que d'être des agréable & mal honnête homme. C'est à peu prés comme de certaines prudes, qui s'estiment beaucoup, seulement de ce qu'elles sont farouches : Car de se priser tant de si peu de chose, je les tiens plus perduës, qu'elles ne seroient, on les trouvoit aussi douces qu'elles sont sévéres, & que du reste elles fussent comme on les voudroit.

Quand on juge sincérement dit le Chevalier, on ne trouve presque rien d'achevé. Mais plus on a le discernement exquis, plus on se fait d'honneur d'être indulgent, & l'on ne doit pas prétendre de rencontrer les gens comme on les cherche ; il faut essaier de les faire, & particulierement lors qu'on les aime, & qu'on est obligé de passer sa vie avec eux. Pour les autres qu'on ne voit que par hazard, on ne les tourne pas comme on voudroit ; on peut seulement les ébaucher, en leur disant ce qu'on juge de plus à profiter, & s'ils en savent profiter, au moins cela les dispose à s'achever d'eux mêmes.

Si-tôt que je commence à parler, dit le Mareschal, vous m'entendez mieux que je ne m'entends, & tout ce que vous me dites me paroit si facile à comprendre, que je crois souvent que je le savois, avant que vous me
l'eussiez

l'eussiez dit. Je songe toûjours à mes enfans, qui ne sauroient encore se passer de moi ; je les en aime davantage, & quoi que le bien soit quelque chose, je ne leur souhaite rien tant que du mérite. Nous disons quelquefois ce que nous jugeons de meilleur pour élever un grand Prince, & sur ce modéle, autant qu'on en peut approcher, il me semble qu'on peut nourrir ses enfans. Car je m'imagine que c'est une méme vertu qui fait commander si la fortune le veut, comme elle fait obeïr quand son devoir l'y engage. Et s'étant assis avec le Chevalier : Vous dites, continua-t-il, que l'étude peut nuire : je voudrois bien m'éclaircir de la maniére qu'il en faudroit user, car je ne croi pas que vous soiez d'avis d'y renoncer absolument.

Ce seroit, dit le Chevalier, un sentiment bien bizarre ; le plus beau naturel du monde est peu de chose, si l'on n'a soin de l'instruire & de le perfectionner : on ne se prend à rien comme il faut sans l'avoir appris ; & qui se pourroit persuader que pour bien faire une chose que l'on fait mal, ou pour la mieux faire, quand on le fait bien, l'étude pût jamais nuire ? c'est à dire d'en chercher les moiens, & de les chercher sous les meilleurs maîtres ; car c'est ainsi que l'on doit étudier.

On voit pour toutes sortes d'exercices combien le bon art, & les bons maîtres sont nécessaires. Cela seroit bien étrange que le corps fut capable d'instruction, & que l'esprit ne le fut point. Quelle apparence, que pour être
bien

bien à cheval, l'exercice, & les maitres fiſſent leur effet ſans y manquer, & que pour ſe rendre honnête homme, l'un & l'autre fut inutile & même nuiſible?

Le corps & l'eſprit ſont rarement comme on voudroit mais les défauts du corps me ſemblent plus malaiſez à corriger: L'eſprit eſt naturellement ſouple, on le redreſſe, pourveu qu'on le prenne adroitement. Et qui doute que ſi quelqu'un étoit auſſi honnête homme, que l'on dit que Pignatelle étoit bon Eſcuyer, il ne pût faire un honnête homme, comme Pignatelle un bon homme de cheval? D'où vient donc qu'il en arrive autrement? c'eſt en verité que quand on apprend à faire une choſe d'un mauvais maître, on apprend à la mal faire; & qu'il eſt beaucoup plus difficile de choiſir les bons maîtres pour l'adreſſe de l'eſprit, que pour celle du corps. Car les avantages du corps ſont bien plus marquez & plus connus que ceux de l'eſprit. C'eſt auſſi que les gens qui feroient capables d'inſtruire en ce qui regarde l'eſprit, ne s'en veulent pas toûjours mêler; & ſans mentir comme le monde en juge, il y auroit peu de gloire d'en faire un métier, quand on s'en acquiteroit en perfection.

Il eſt certain que pour être habile, honnête, & agréable au point qu'il ſeroit à ſouhaiter que le fut un grand Prince, on ne ſauroit ſavoir trop de choſes, pourveu que l'on ait l'adreſſe d'en uſer, & que l'on connoiſſe leur prix. Mais pour en dire mon ſentiment, ce n'eſt pas être ſavant que d'avoir beaucoup
de

de lecture, & d'avoir appris un grand nombre d'opinions différentes, qui ne découvrent rien d'assuré. On ne sait bien que ce qu'on void nettement, & qu'on peut faire voir de la sorte au premier qui se presente, s'il a de bons yeux. Il se faut défier de ce qu'on n'apperçoit que comme au travers d'un nuage, & qu'on ne peut mettre bien à découvert à la veuë d'un autre.

Tant qu'on est jeune on n'apprend guere que de certains mots qui font paroître savant, quoi que l'on ne se connoisse à rien, & cela ne convient pas à un homme du monde. Je voudrois que l'on sût tout, & que de la maniére qu'on parle on ne pût être convaincu d'avoir étudié.

Il est toûjours avantageux d'être éclairé, dit le Mareschal, & de connoître le monde, soit qu'on parle, ou qu'on écrive: mais ce qui tient de l'étude est quelquefois mal receu. Je ne sai s'il faut écrire comme on parle, & parler comme on écrit: beaucoup de gens m'en ont asseuré, mais il me semble que cela se pratique autrement. Il y auroit plus d'apparence, répondit le Chevalier, si l'on disoit qu'il faut écrire comme on voudroit parler, & parler comme on voudroit écrire. Car on fait rarement l'un & l'autre de la maniére que que l'on voudroit. Cette question, qui n'est pas à mépriser pour les personnes d'esprit, se peut éclaircir fort aisément.

On écrit des choses qu'on ne prononce jamais, & qui ne sont faites que pour être leuës, comme une histoire, ou quelque
chose

chose de semblable. Quand on s'en mêle & qu'on y veut réüssir, il ne faut pas écrire comme si l'on faisoit un conte en conversation; l'histoire est plus noble, & plus sevére; la conversation est plus libre, & plus négligée. Et comme il y a des choses qui ne veulent qu'être leuës, il y en a aussi, qui ne sont principament faites que pour être écoutées, comme les harangues. Si l'on veut juger de leur juste valeur, il faut considérer à quel point elles sont bonnes quand elles sont prononcées, puisque c'est là leur but. Et parce que les lettres ne se prononcent point; car encore qu'on en lise tout haut, ce n'est pas ce qu'on appelle prononcer, on ne les doit pas écrire tout-à-fait comme on parle. Pour preuve de cela, qui verroit une personne à qui l'on vient d'écrire une lettre, quoi qu'elle fut excellente, on ne lui diroit pas les mêmes choses qu'on lui écrivoit, ou pour le moins, on ne les lui diroit pas de la même façon. Il est pourtant bon lors qu'on écrit de s'imaginer en quelque sorte qu'on parle, pour ne rien mettre qui ne soit naturel: & qu'on ne pût dire dans le monde : & de même quand on parle, de se persuader qu'on écrit, pour ne rien dire qui ne soit noble, & qui n'ait un peu de justesse.

D'où vient, reprit le Mareschal, qu'on dit que des gens parlent bien, mais qu'ils ne sçavent pas écrire? On croit souvent, répondit le Chevalier, que de certaines personnes parlent bien en effet, qui ne parlent pourtant bien qu'en apparence. C'est que leur
mine.

mine éblouït, ou que le ton de leur voix furprend. Quand on excelle à parler, on pouroit écrire de même: il est vrai que cela demande un peu plus de soin. Il me semble aussi que l'on ne peut savoir bien parler. Mais il arrive que ceux qui ne s'attachent qu'à bien écrire, ont pour d'ordinaire en parlant une manière languissante & presque éteinte. Ces gens-là cherchent trop le son & l'harmonie. Cette douceur de langage qu'ils affectent, leur fait perdre peu-à peu l'usage naturel, qui consiste à donner à tout ce qu'on dit les mouvemens qu'on sent dans son cœur. Car on ne parle pas seulement pour faire entendre ses pensées, on parle aussi pour exprimer ses sentimens, & ce sont deux choses bien differentes.

Celui qui ne se trouve émû de rien, est aussi peu prope à parler, que celui qui ne pense rien. Le cœur à son langage comme l'esprit a le sien, & cette expression du cœur fait bien souvent les plus grands effets. Quand le cœur n'est point agité, quoi qu'on ait bien de l'esprit, on ne touche pas vivement; & quand on est animé, si l'esprit manque, on ne fait que du bruit, & presque toûjours si à contre tems, qu'il vaudroit mieux se taire. Il faut donc que le cœur ait des sentimens, & que l'esprit non seulement les conduise, mais encore qu'il en fasse le choix. Car comme il y a des pensées qui sont agréables, & d'autres qui ne le sont point, cette même diversité se trouve dans les mouvemens du cœur, les uns sont bien receus,

&

& les autres sont rebutez. Vous savez beaucoup mieux que moi, que pour inspirer la joië ou la tristesse, & tant d'autres sentimens, qui gouvernent le monde, & même aux dépens de la raison, ce n'est pas assez de les connoitre par experience, il en faut étre touché sur l'heure, du moins comme on l'est des choses, qui se representent sur les theatres.

Soit que l'on veuille bien parler ou bien écrire, il faut avoir bien des égards, & peu de gens y ont réüssi. Le plus difficile à mon sens, est de se connoitre à ce qui doit plaire, & d'avoir du génie à le pratiquer. Je dis à ce qui doit plaire, parce qu'il est assez mal-aisé de s'en assurer. Car en matiere d'agrément chacun a son gout, & si vous le remarquez, ce qui d'ordinaire plait, ne vient pas tant de la perfection, que d'un certain temperament, qui s'accommode à nos sentimens naturels. C'est cette proportion qui charme sans que l'on s'apperçoive d'où cela vient. Mais il me semble que les veritables graces, celles qui touchent le plus, & qu'on aime toûjours, ne se peuvent que mal-aisément passer de la délicatesse, & que les grandes choses, comme la pompe, & la magnificense, sont moins faites pour plaire, que pour donner de l'admiration. La beauté même, quand elle a tant d'éclat, est au dessus de nos forces, nous ne la pouvons soûtenir. On loüe les plus belles femmes, mais on aime les plus jolies. C'est que l'on se lasse d'admirer long-tems, & que ce qui

qui n'est fait que pour cela, dégoûte si-tôt qu'on ne l'admire plus.

Il faut s'attacher principalement à bien penser: l'excellence de la pensée a tant d'avantages sur de certaines beautez que l'on cherche dans l'art & dans l'étude, que celui qui pense le mieux est toûjours au dessus des autres. Je voi deplus, que ceux qui ont le discernement bon pour les choses, l'ont aussi pour la maniére de les exprimer, & que c'est la délicatesse du sentiment, qui fait celle du langage. Tout cela dépend d'aquerir cét esprit dont nous avons tant parlé, & le maître qui le peut donner, se peut dire un excellent maître.

Les choses de fait & de memoire s'apprennent bien-aisément, & l'on trouve assez de gens qui les savent montrer. Mais il n'en va pas ainsi de ce qu'on appelle connoître, & juger: C'est le chef-d'œuvre de l'esprit; & sur tout pour ce qui regarde l'adresse & l'invention, la justesse & la bienseance, il y a peu de maîtres qui ne fassent prendre le contre-pied, d'où l'on ne revient pas comme on veut. Et parce que les premiéres émotions du cœur, & je ne sçai quelle ébauche imperceptible, qui se fait dans l'esprit d'un enfant, lui disposent la pente au bien, ou au mal, & cela pour tout le cours de sa vie; il seroit à desirer qu'on ne leut guere au jeune Prince, que de certains livres qui lui pourroient donner l'idée, ou du moins le sentiment de la perfection, par quelques endroits bien touchez & de bonne main. Car on trouve quelquefois des choses si bien prises, qu'il est impossible de les mieux dire, ni de de les mieux penser. On va bien loin quand on se forme sur de pareils modeles, & qu'à force de s'y accoûtumer, tout ce qu'on dit en a quelque marque.

Ce langage que peu de personnes sçavent parler, vient d'une justesse d'esprit, & d'une étenduë d'intelligence qui découvrent les choses comme elles sont. C'est un discernement naturel, où neantmoins on fait continuellement quelque progrés, quand on y songe de la bonne sorte, & qu'on pratique des gens qui sont nez avec cela. Mais je vous le dis encore, Monsieur le Mareschal, ceux qui se plaignent de n'avoir pas étudié comme on étudie ordinairement, n'y ont guere perdu.

Ce n'est pas peu que de se pouvoir desabuser de tout, & de sçavoir donner à chaque chose le prix qu'elle merite. Que si quelqu'un nous découvroit, ou seulement nous faisoit sentir ce que nous en devons croire, nous luy serions bien obligez. La plûpart content cela pour rien. Il est pourtant vrai que sans cette connoissance on est toûjours dupe, ou toûjours injuste.

Il me semble, dit le Mareschal, que pour instruire à bien vivre, & pour insinuer les sentimens qu'il faut avoir, un mauvais maître est encore plus à craindre. Je ne m'étonne pas qu'on nous donne le premier qui se presente ou qu'on rencontre par hazard. Cela ne tire qu'à peu de conséquence. Mais pour un grand Prince, dont le bonheur du public doit un jour absolument dépendre, & sur qui tant de gens se voudront former, comme sur le plus

noble

noble modéle, il n'y faut rien oublier. S'il y avoit un homme au fond des Indes, qui s'en plût mieux aquitter, que les plus habiles qui sont parmi nous, je le voudrois faire venir. Il s'agit de faire un grand Roi, qu'on aime & qu'on admire : il s'agit de le rendre heureux, & même de faire en sorte que tous ceux qui vivront sous lui le soient. Car comme ils seront obligez de se sacrifier pour sa gloire, il sera beau que son bon-heur se répande sur eux.

Il ne faudroit pour tout cela, dit le Chevalier, que le rendre honnéte homme, au moins c'est le plus important. Je voi bien, reprit le Mareschal, que peu s'en faut que ce mot ne comprenne tout. Mais qui me demanderoit ce que c'est, je m'y trouverois bien empeché. Je ne m'en étonnerois pas, dit le Chevalier, une chose de si grande étenduë a trop d'égards, & de nuances pour être expliquée en deux ou trois mots. Ceux qui disent que l'honneteté consiste à bien vivre, & à bien mourir, changent les termes sans éclaircir la question. D'ailleurs, si l'on ne mouroit point on ne laisseroit pas d'étre honnete homme, & meme, on y pourroit faire un plus grand progrés. Pour en avoir une connoissence plus distincte, nous la pouvons regarder en elle meme separée de tout ce qui n'en est pas, & la considerer à toute sorte de jour.

Dites-moi ce que vous en croiez, reprit le Mareschal, je serai bien-aise de voir si nous avons les mêmes pensées sur une chose de cet conséquence. Comme je sai, dit le Chevalier, que vous l'avés toujous pour guide, & qu'ainsi

si vous la devez bien connoître, si l'idée que j'en ai est bonne, elle est sans doute conforme à celle que vous en avez. Car la parfaite honnêteté est toûjours la même en tous les sujets où elle se trouve, quoique la différence du temps & de la fortune la fasse paroître bien différemment. Mais sous quelque forme qu'elle se montre, elle plaît toûjours, & c'est à cela principalement qu'on la peut reconnoître. Car les vrais agrémens, ne viennent pas d'une simple superficie, ou d'une legere apparence; mais d'un grand fonds d'esprit, ou de merite, qui se répand sur tout ce qu'on dit, & sur toutes les actions de la vie.

Il me semble qu'elle ne fait mistere de rien, & comme elle fuit les extrémitez, qu'elle ne cherche ni à se cacher, ni à se montrer. Son abord n'a pas tant d'éclat que l'on en soit ébloüi ni surpris: mais quand on vient à la considerer, on voit qu'elle a tant de grace en tout ce qui se presente de bien ou de mal, de serieux ou d'enjoüé, qu'on diroit que tout lui est égal pour être agréable. Que s'il y a des rôlles si desavantageux qu'il seroit impossible aux Graces même de les joüer agréablement, elle sait bien les refuser.

Je trouve qu'elle n'est point rigoureuse, qu'elle excuse & pardonne aisément, & que bien loin de se faire valoir aux dépens d'un miserable, elle est toûjours prete à le secourir. Elle rend heureux tous ceux qui dépendent d'elle, autant que la fortune le permet. Et quand elle n'y peut rien, au moins elle n'attriste personne, elle y prend garde jusques dans les plus petites choses. Que si elle raille quelquefois, sa gaieté ne tent qu'à donner de la joye à ceux meme qu'elle met en jeu. Elle n'est jamais si satisfaite d'elle meme, qu'elle ne sente quelque chose au dela de ce qu'elle fait. Elle ne cherche pas les faux avantages, au contraire si l'occasion ne se presente, il faut souvent deviner tout ce qu'elle a de meilleur.

Son intéret ne l'éblouit point, & s'il arrive qu'un honnéte homme soit accusé, quand méme on en voudroit à sa vie, il n'aime pas toute sorte de raisons pour se défendre; mais si peu de chose qu'il dit, donne toujours du regret de l'avoir offensé. Representez-vous Socrate, ou Scipion, ou quelque autre de cette volée. Je observe aussi que ces gens-la sont comme au dessus de la Fortune, au moins la tête leur tourne peu dans la prosperité, & quelque mal-heur qui les attaque, sans leur entendre jamais dire que leur vertu ne les abandonne point, on sent qu'ils en ont de reste. Je trouve que l'honnetété juge toûjours bien, quoy qu'elle soit assez retenuë a décider: qu'elle prefere le choix à l'abondance, qu'elle a plus de soin de la propreté, que de la parure, & des choses qui sont peu en veuë, que de celles qu'on decouvre d'abord. Ne remarquez vous pas aussi qu'elle a plus d'égard au mérite qu'à la fortune, qu'elle n'est point sujette aux preventions, que ce qui choque les gens bornez, ne la surprend guere, & que

le

les sentimens du monde ne l'empeschent pas de connoître la juste valeur des choses ?

Je croy qu'elle ne dépend guere du tems, ni des lieux, & que celuy qui peut tant faire que d'être honnéte homme en sa cabane, l'eut été en toutes les Cours du monde. Mais il faut bien des choses pour étre honnete homme, & quoy qu'on passe pour l'être à la Cour d'un grand Prince, on ne doit pas croire pour cela que rien n'y manque, à moins que de le pouvoir être par tout, & avec toutes sortes de gens.

Il y auroit bien des observations à faire, qui voudroit s'étendre sur ce sujet : Mais enfin on remarque l'honneteté à cela, qu'elle laisse d'elle un souvenir tendre & agréable à ceux qui l'ont connuë, & qu'elle fait en sorte que l'on se sait toûjours bon gré de l'avoir obligée.

Aprés tout, une Dame parfaitement belle d'un esprit si aimable, que méme les plus belles ne pouvoient s'empécher de l'aimer, me demandoit ce que c'étoit qu'un honnete homme, & une honnete femme ; car l'un revient à l'autre : & quand j'eus dit ce que j'en croyois, & qu'elle en eut parlé de fort bons sens, elle avoüa bien que tout cela luy sembloit nécessaire pour être ce qu'elle demandoit, mais qu'il y avoit encore quelque chose d'inexplicable, qui se connoit mieux à le voir pratiquer qu'à le dire. Ce qu'elle s'imas'imaginoit confifte en je ne fai quoi de noble qui releve toutez les bonnes qualitez, & qui ne vient que du cœur & de l'efprit ; le refte n'en eft que le fuite & l'équipage.

Cette Dame dit le Marefchal, étoit extrémement difficile : car en voilà bien affez pour étre honnete homme, & j'approuve fans exception, tout ce que vous en avez obfervé, fi ce n'eft, peut étre, ce que vous dites de plaire que ce foit une preuve infaillible de l'honneteté : Il me femble que l'on y réüffit bien fouvent par les mauvaifes voies comme par les bonnes, & méme avec plus d'éclat. A cela, dit le Chevalier, on peut repondre en deux mots, qu'il y a des perfonnes qui connoiffent le vrai merite, & que c'eft un bon figne quand on leur plait : mais qu'il y en a beaucoup plus qui ne jugent pas bien, & qu'on ne doit pas trop fe réjouïr de leur étre fi agréable.

Quoy qu'il en foit, reprit le Marefchal, à bien examiner l'honneteté, foit qu'on la confidére en elle méme, ou dans les chofes qu'elle fait, & qu'elle dit, elle paroit au deffus de tout, & l'on ne void rien de fi digne d'un grand Prince. Il eft vrai, dit le Chavalier, qu'elle eft aimable, & qu'elle infpire le refpect, encore qu'elle foit reduite à fe taire, & à demeurer les bras croifez. Mais vous avez touché les deux chofes qui luy donnent du luftre, le dire & le faire, tout dépend de là, & c'étoit, dit Homere, ce qu'enfeignoit le docte Chiron au jeune Achille.

Il faloit, dit le Marefchal, que ce maitre eula main bonne; il fit un écolier dont le monde a bien parlé; & si l'on en void peu d'une valeur si haute & si extraordinaire ; ce pourroit bien être la faute des Gouuerneurs. En acheuant ces mots il vid entrer quelques jouëurs qui le venoient divertir, & cela mit fin à la conuersatian.

Fin de la cinquiéme Conuersation.

SIXIÈME
CONVERSATION.

LE Chevalier vint chez le Mareschal, qui avoit passé l'apredinée à joüer. Il arriva justement comme le jeu finissoit, & que les joüeurs se retiroient. Le Mareschal qui vouloit sortir, fut bien-aise de le voir à-point-nommé pour le mener avec luy. Et je ne vous demande pas, lui dit-il, si vous seriez homme de promenade; car vous aimez assez à regarder ces différentes couleurs, qui se forment dans le Ciel quand le Soleil se couche, & vous avez bien du plaisir à respirer la fraîcheur du soir. Je doute seulement de quel côté nous irons. Ce bois où nous étions avant-hier me plairoit bien; mais il faut traverser la ville pour y aller, & le chemin est fort rude. Je ne sai même si nous aurions assez de tems. Je croi, dit le Chevalier, qu'il sera mieux de prendre en bas le long de l'eau, & cét avis fut suivi. Ils allerent de ce côté là jusqu'au bout de la prairie, ou s'étant arrétez, parce que le carrosse n'eût sû avancer, ils descendirent pour se promener sur les bords de la riviere.

Le Mareschal n'aime pas à se tenir dans un long silence, mais il se rencontre heureusement pour lui, & pour ceux qui le pratquent,

quent, qu'on est toûjours bien aise de l'écouter. Et parce que le jeu l'avoit occupé, & qu'il n'avoit presque rien dit de tout le jour, il se mit d'abord à parler de ce qui luy tenoit le plus au cœur. Aprés quelque discours sur ce sujet : Il ne faut pas, dit il, considérer les Rois avec les mêmes yeux qu'on regarde les particuliers, dont la plupart n'ont guere d'autre but que de vivre doucement, bien qu'un habile homme songe toûjours plus à faire en sorte qu'on l'aime, & qu'on l'estime.

Je sai ce que c'est que la fausse gloire, un honnete homme s'en passe, & les plus sages la méprisent; mais il me semble que plus on a de cœur & d'esprit, plus on aime le veritable honneur : & s'il se rencontroit quelqu'un qui n'en pût acquerir, quoi qu'il eut d'ailleurs tout à souhait, il seroit pourtant bien à plaindre ; au moins s'il étoit d'un naturel genereux ; & prenez garde que de tous les déplaisirs qu'on peut recevoir, ce sont ceux qui vont à l'honneur qu'on pardonne le moins, & que lors qu'on se sent obligé de ce côté-là, on ne trouve rien de trop cher pour le reconnoitre. Aussi à dire le vrai, ce que fait tant desirer les grands emplois, & les hautes charges, ce n'est pas la commodité de la vie ; car elle en est plus penible & plus agitée; mais c'est l'esperance de faire voir qu'on a du merite.

Cela neantmoins ne sauroit être pour un particulier que de bien peu d'étenduë, & d'aussi peu de durée. Mais les Rois sont vûs de toute la terre, & la posterité, qui ne flate jamais personne, doit juger de leur merite. La gloire est le plus beau de leur bien, & leur principal intéret. Tous les Héros, & tous les grands hommes s'y sont dévoüés. Il faut être habile, fidéle, & zélé, pour leur donner de bons conseils sur cela, & principalement connoître en quoi consiste la véritable gloire, & par quels moyens elle se peut acquerir.

On dit que Parmenion ce grand Capitaine, mais qui ne songeoit qu'à vaincre, conseilloit à son maître de surprendre les ennemis à cause de leur grand nombre, & de les attaquer à la faveur de la nuit. Mais ce Prince qui n'avoit pas tant pour but de gagner la bataille, que de faire admirer sa valeur, voulut combattre en plein jour, résolu de tout perdre, & sa vie & sa fortune, plûtot que de se mettre au hazard de pouvoir rougir de sa victoire. Le même lui conseilloit encore de partager l'Asie avec les Perses, & de recevoir de grands tresors qu'on lui proposoit. Cét avis ne fut pas mieux receu que l'autre; il avoit le cœur trop impérieux, pour souffrir quelqu'un à côté de luy, & trop élevé pour aimer l'or & les richesses. Ses projets ne tendoient qu'à la gloire, & s'il n'a pas toûjours conû la plus pure & la plus solide, c'est qu'il étoit encore bien jeune, & qu'il se trouvoit au comble de la fortune. C'est aussi qu'il embrassoit tant de choses, qu'il ne pouvoit pas bien voir tout ce qu'il faisoit, & que d'ailleurs il s'emportoit aisément

Les plus petites fautes que font ces grands
Prin-

Princes, sont quelquefois de conséquence pour leur réputation; & je les avertirois, s'ils m'en vouloient croire, de considérer souvent de quelle sorte en useroient les plus grands hommes, s'ils avoient à jouër leur personnage.

Ce n'est pas mal ménager un Prince, que de luy conseiller le parti le plus honnete, & même le plus héroïque: On void déja que c'est celui qui lui vient le mieux, & quand on va bien avant dans les choses de la vie, on trouve encore à toute sorte d'égards que c'est enfin le meilleur. Il semble que le Ciel, & la Fortune ont un soin particulier de ces grands cœurs qui s'abandonnent. Les plus braves sont les maitres pour l'ordinaire, & la haute résolution a bien plus sauvé de gens, qu'elle n'en a perdu. Plus ce Roi, dont je viens de parler, cherchoit la mort, plus elle s'éloignoit de lui; & s'il fut blessé, comme il est presque impossible de se jetter incessamment dans le péril, & de ne l'être jamais, ce fut au moins sans y demeurer ni mort ni vaincu.

Il ne seroit pas neantmoins à souhaiter que le Prince fut si hazardeux, & qu'il ne seut que ce chemin là pour aller à la gloire. Outre que l'on seroit toûjours en alarme pour une si précieuse vie, cela me paroit peu digne d'un grand Prince de s'exposer en toute rencontre, & si vous le considerez bien, ce n'est pas ce qui fait le mieux voir la grandeur de l'ame & le mépris de la mort. Je trouve bien plus beau de s'y présenter d'un pas asuré comme Socrate, que de s'y précipiter comme Ale-

Alexandre. Car c'est faire sans effort une chose tres-difficile, & qui témoigne un cœur plus ferme & plus résolu.

Il y a des Souverains qu'on ne sauroit regarder que comme de sages Politiques, & ce n'est pas à mon gré la plus belle forme, sous laquelle ils pourroient paroitre. Je ne sai quoy de plus noble lés mettroit beaucoup mieux dans leur jour. Et trouves-vous rien de plus beau pour un jeune Prince, que les armes: C'est le sujet des beaux Romans, repondit, le Chevalier, & quand un regne s'écoule sans amours ni sans armes, l'Histoire n'en sauroit dire que peu de chose. Mais tous les Princes ne sont pas nez a joüer le personnage de l'un & de l'autre, & c'est toujous beaucoup pour un Souuerain que de gouverner ses Etats, & de rendre ses sujets heureux.

J'ay connu des Princes, reprit le Mareschal, qui eussent été de fort galans hommes, si d'abord on eut pris garde à ce qu'il y avoit à faire, & que l'on eut seu les mettre dans les bonnes voyes. Cette premiere éducation leur est bien d'une plus grande importance qu'aux particuliers, car si tot qu'ils ne sont plus sous la conduite d'un gouverneur, tout ce qui vient d'eux est approuvé du moins en apparence, & personne ne se presente que pour leur plaire, parce qu'encore qu'on les aime; on panche aisément à mieux aimer leur amitié. Aussi ce seroit étre bien imprudent, que de se mettre au hazard de s'attirer la haine de son Prince, & de l'avertir, comme un particulier

culier de ses amis, si ce n'est qu'il eut temoigné de le vouloir.

Cependant lors qu'on les approche & qu'on ne s'émancipe à rien par interet, il y a des moyens bien seurs pour leur dire agréablement tout ce qui peut contribuer à leur gloire, & à leur bon-heur. Il est aisé de bien conseiller pour la gloire, dit le Chevalier, on sait ce que c'est & comment elle se peut acquerir. Tous ceux qui jugent bien en conviennent. Mais il n'en va pas ainsi de la félicité; qui dépend beaucoup plus du tempérament, que des choses que nous croions qui la donnent. Et sans mentir il faudroit bien parfaitement connoître un Prince pour le pouvoir asseurer de ce qui le rendoit heureux. Bien souvent nous memes ne savons pas ce qui nous seroit bon pour être contens.

Vous avez raison, reprit le Mareschal; mais quand toutes les choses se presentent comme à souhait: & que l'on n'a qu'à bien bien choisir, il me semble que pour peu que l'on soit aidé, il n'est pas difficile d'être heureux; & pour dire le vray, c'en est un beau moyen que de se voir des premiers entre ces maitres du monde. La fortune n'a rien à donner de plus grand. Considerez ce que c'est que le plaisir de faire du bien: Il n'y en a point à mon gré de plus pur, ni de plus noble, & ce plaisir ne semble être fait que pour ces grands Princes. Plus ils sont en estat d'en faire, puis qu'il est vray que leurs presens qui sont accompagnes de choix & d'estime, soûtiennent leur grandeur, & les rendent plus puissans. Car ce n'est pas des richesses qu'il faut principalement attendre des Rois, elles s'épuiseroient par la profusion ; mais ce sont des emplois, & des charges : Ce sont des occasions de pouvoir témoigner ce qu'on est : & si ceux qui ont quelque valeur sont employez à ce qui leur convient, il se font connoître & les Princes sont bien servis.

Ce qui leur manque pour l'ordinaire & que nous avons abondamment, ce sont de ces plaisirs que vous savez, comme de nous entretenir librement avec les personnes que nous aimons, & de pouvoir disputer de certains avantages où la fortune & la grandeur n'ont point de part. Le prix du merite qui touche tant les cœurs bien faits, leur devient insensible à la longue, parce qu'on louë indifferemment tout ce qu'ils font & qu'on n'y garde ni mesure, ni bien-seance. Il faut avoir de la complaisance en galant homme pour rendre la vie agréable, & je ne saurois comprendre que ces Princes du Levant qui ne vivent qu'avec des esclaves, soient heureux. Ils ont tout & ne goûtent rien ; ils ont les plus belles femmes de la terre, mais ce sont des captives toûjours en prison, sans esprit, & sans amour. Elles n'ont rien de ce qui touche le plus, rien de libre, rien de brillant ni d'enjoüé.

Ce commerce d'amours, & cette diversité d'avantures galantes, qui font que l'on se plait dans les Cours du monde, & que l'on tâche de s'y rendre honnête homme, tout cela leur est inconnu. Ce ne sont que des évéévenemens sauvages qu'on n'aime point, & je songe à ce que vous disiez tout-à-l'heure, il y a toûjours en ce païs là des avantures d'amour & de guerre, mais elles sont telles, que je défierois l'Arioste & la Tasse & même Sapho, d'en faire un agreable Roman. Si c'est être heureux qui de vivre ainsi, cette félicité me semble bien barbare, & je ne sçurois croire qu'un homme de bon sens la puisse envier. Les plus grands plaisirs, si l'on ne les sait bien ménager, & qu'il ne s'y mêle de l'esprit, ou quelque sentiment d'honneur, ne durent pas long tems, & cela doit bien consoler de n'avoir pas tout ce qu'on souhaite.

Je regarde aussi que ces Princes s'abaissent plus qu'ils ne s'élevent, d'affecter la grandeur que personne ne songe à leur disputer. Je trouve bien plus beau, ce je ne sai quoi de civil, & de majestueux tout ensemble, qui fait sentir avec plaisir que de certains Princes sont les maitres : plus ils s'approchent, plus on se recule, & sur tout les honnetes gens, qui n'abusent jamais de rien.

Il me semble que les plus grands hommes se communiquoient librement à leurs amis, & qu'ils étoient familiers. Du moins Cesar l'étoit, dit le Chevalier, & même avec ses soldats, jusques-là qu'il se plaisoit à rapporter leurs bons mots. Cette familiarité, qui pour dire le vrai ne marchoit pas seule, les avoit charmez. Quand il faloit combattre pour sa gloire, ils ne trouvoient rien qui leur parut difficile, & ne connoissoient

ni

ni le peril ni la mort. Si par hazard ils étoient faits prisonniers, & qu'on leur voulût sauver la vie, ils la refusoient dédaigneusement, & disoient que c'étoit aux soldats de Cesar à la donner.

Je ne m'étonne donc point, dit le Mareschal, qu'un tel homme suivi de telles gens, quoi que plus foible en nombre, ait toûjours vaincu: Et ce que je disois que le Ciel prenoit ces grands cœurs en sa protection, paroit encore en ce Héros, qui parmi tant de combats où il étoit par tout, ne receut pas la moindre blessure.

On aime les Princes de grand dessein, dit le Chevalier, & de haute entreprise; quoi que la Fortune inconstante, comme on sait, quitte leur parti, la gloire ne les abandonne point. Cesar étoit de ce nombre, il n'avoit rien qui ne fut noble, & qui ne sentit la grandeur. Il étoit si brave & si humain tout ensemble, qu'il eut hazardé sa personne pour secourir le moindre de ses soldats. Il aimoit tous ceux qui suivoient sa fortune, il partageoit avec eux la gloire comme le peril, & ce fut sans doute son plus seur moien pour gagner cinquante batailles sans en perdre pas une, que d'avoir acquis leur estime & leur affection.

Peu de jours devant ce grand combat, où les Allemans, & ces peuples du Nort furent défaits, il avoit envoyé des Ambassadeurs à leur Prince Arioviste, qui contre le droit des gens les avoit retenus & mis à la chaîne. Cesar dit qu'il ne fut pas plus aisé d'a-
voir

voir gagné la bataille, que de les embrasser, & de leur ôter leurs fers. Mais voici une chose qui marque bien son naturel, & à quel point il étoit aimé.

Curion un de ses Généraux faisoit la guerre dans un autre coin du monde. C'étoit un jeune homme de grand cœur, & de peu d'experience, qui avoit affaire à de vieux Africains consommez dans le métier. Ce jeune homme étant tombé dans une embuscade, & voyant qu'il se pouvoit sauver ; mais qu'il n'avoit pas eu assez de prudence, ou de bon-heur pour conserver les troupes que Cesar lui avoit confiées, il aima mieux mourir que de se presenter devant lui. Chaque mot que Cesar dit de son ami, semble accompagné de soûpirs & de larmes. Aussi ne fut ce point la crainte d'un fâcheux traitement, ni de la plus petite rudesse, qui fit prendre à Curion un parti si desésperé ; ce fut un certain sentiment qui nous fait craindre l'abord de nos amis, quand ils sont d'un si haut merite, & que nous sentons qu'ils n'ont pas sujet de nous approuver.

L'on éleve, ou l'on abaisse le merite selon qu'on aime, ou qu'on hait les gens, dit le Mareschal, & Cesar savoit bien se faire aimer. Je me souviens des bords du Lignon, où je me plaisois tant quand j'étois jeune, & de la réponse de l'Oracle.

Aime si tu veux être aimé.

C'en est un moien bien seur, au moins si l'on s'y prend de bonne grace. Car ce n'est pas assez de se dévoüer à gagner les gens, le principal
consi-

consiste à faire en sorte que la personne qu'on aime en soit bien aise. La maniére qui ne devroit pas être si considérable, importe plus que tout le reste ; & je voi que les plus fins s'y laissent prendre comme les simples. Mais je ne sai plus où j'en étois.

Vous ne devez pas vous en soucier beaucoup, dit le Chevalier, vous ne sortes jamais d'un sujet, qu'on ne soit content de ce que vous en avez dit. D'ailleurs, un peu de négligence est fort commode; & pourro t-on vivre avec des gens, qui seroient toûjours si exacts, & si reguliers? Mais il me semble que vous parliez de César, & je songe que le plus éloquent homme de ce tems là, lui dit un jour qu'il avoit plus fait que de vaincre ses ennemis, qu'il avoit vaincu la victoire même, & qu'il s'étoit mis au dessus d'elle, en pardonnant à tous ceux qui l'avoient voulu perdre. Cette loüange qui lui étoit si justement deuë m'en donne une grande idée ; mais il y a une chose qui me fâche de lui, c'est qu'il nous appelloit barbares. Je ne suis pas le seul qui souffre impatiemment cette injure, elle a tant choqué un de nos faiseurs de Romans, qu'il n'a pas fait difficulté d'écrire que Cesar étoit peu Cavalier. Ha ma foi j'en suis bien aise, dit le Marechal, & cela lui étoit bien du: Car dequoi s'alloit il aviser de traiter si mal nos ancêtres ?

Cependant, reprit le Chevalier, ce reproche qui vous a fait rire, n'est pas si mal fondé, qu'on ne le pût soûtenir, & sans examiner ce que c'est que d'être Cavalier, de la sorte
que

que nous l'entendons, on l'est toûjours plus à la Cour d'un Prince, que dans une République. Il me semble aussi que les mœurs des villes, & leur façons de faire ne sont pas nobles; vous savez que le grand monde ne les peut souffrir. Ce qui tient du champêtre, & du sauvage, ne laisse pas d'être noble, quoi que fort différent de la noblesse des Cours. C'est que l'on y void je ne sai quoi de digne & de grand, tout simple & sans art. Imaginez vous ces sombres forez d'Afrique, ce nombre infini de lions, & tant d'autres animaux sauvagez, tout cela me paroit plus noble, que les jardins du Grand Seigneur.

Ce que vous venez de dire, interrompit le Mareschal, me fait souvenir que ce n'est pas assez quand on parle, ou quand on voiage, de savoir où l'on veut aller, ni d'en prendre le plus droit chemin; mais qu'il faut songer à s'y rendre agréablement.

Pour revenir à Cesar, on tient que ç'a été le plus grand homme du monde, & je croi qu'à le tourner en tout sens, & à toute sorte de lustre, on a raison tant pour les merveilles de sa vie, & de sa fortune, que pour la grandeur de son génie & de sa vertu. N'est-ce pas lui, qui depuis un si longtems a donné l'exemple l'invention de tout ce qui s'est fait de plus rare dans la guerre? Ne saurions-nous connoître encore un peu mieux quel homme c'étoit? car on en parle différemment.

Il est assez difficile, répondit le Chevalier, de bien juger dés gens que l'on n'a point vûs, & qui ont vécu dans un siécle si éloigné.

Que

Que si l'on peut de si loin demêler un homme, & l'examiner, c'est assurement Cesar. Il a tant fait de choses, & sa vie, quoi que diverse, est si egale, qu'on void toûjours du rapport en ses actions, & méme on en découvre aisément la cause. On peut dire aussi que de fines gens l'avoient observé, qui s'entretenoient de lui à cœur ouvert. Un des plus clairvoians de ce tems là, mais qui peut étre s'attachoit trop aux loix de sa ville & de son païs, disoit que jamais homme n'avoit mieux connu la justice, & n'avoit été plus injuste que Cesar. Cela témoigne d'un côte qu'il avoit le discernemen bon, & du reste, c'est en verit qu'il estimoit peu de certaines vertus communes.

Ce qui me fait connoitre son esprit, & sa maniére d'agir, ce sont les écrits qu'il a laissez, au moins si c'est lui qui les ais faits. Car il y a un homme de grande lecture, qui me vouloit persuader qu'ils n'étoient pas de lui. De qui donc ? dit le Mareschal. D'un je ne sai qui, répondit le Chevalier. Je croi pourtant qu'il eut été plus facile à ce je ne sai qui, de vaincre & de se rendre le maitre, que d'écrire de cét air-là. Vous savez qu'en fait de conquétes les conjonctures peuvent beaucoup. Mais il faloit étre Cesar pour s'expliquer de la sorte, & le hazard n'y peut rien. On sent son merite, & sa grandeur aux plus petites choses qu'il dit, non pas à parler pompeusement, au contraire sa maniére est simple & sans parure ; mais à je ne sai quoi de pur & de noble qui vient de la bonne nourriture, & de la hauteur du genie.

Ces

ces maîtres du monde, qui sont comme au dessus de la Fortune, ne regardent qu'indifferemment la plûpart des choses que nous admirons, & parce qu'ils en sont peu touchez, en se parlent que négligemment. Dans un endroit où il raconte qu'il y eut deux ou trois de ses Legions, qui furent quelque tems en desordre, combattant contre celles de Pompée ; On croit, dit-il, que c'étoit fait de Cesar, si Pompée eut sçû vaincre. Cette victoire eut décidé de l'Empire Romain : & voilà bien peu de mots, & bien simples pour une si grande chose.

Cesar étoit né avec deux passions violentes, la gloire & l'amour, qui l'entrainoient comme deux torrens. Ce nombre infini de desseins qu'il forma depuis son enfance jusqu'à la fin de sa vie (car ce fut en esprit bien remuant) ne tendoient qu'à cela. Ce n'est pas qu'il n'eut tant d'autres sentimens que vous savez, qui font que l'on cherche les gens, & que l'on se plait avec eux, puisque pour être honnéte homme, comme on void que l'étoit Cesar, il faut prendre part à tout ce qui peut rendre la vie heureuse. Mais ces deux passions l'emportoient, il n'étoit bien sensiblement touché des choses, qu'autant qu'il en tiroit d'avantage pour l'une ou pour l'autre ; & quoi qu'il ait été si grand dans la guerre, il ne l'aimoit pas tant pour elle-méme, que pour se mettre par là au dessus de tout.

Il étoit liberal, & reconnoissant, fier, mais peu vindicatif : & cette grande injustice qu'on lui reprochoit, comme une tache sur une si

belle

belle vie, se peut dire en deux mots. C'est que celui de tous les Romains, qui étoit le plus propre à gouverner, voulut seul faire bien ce que tant d'autres faisoient mal.

Du reste il étoit grand, d'une taille aisée, bien-fait, & de bonne mine ; adroit à tous les exercices des armes, & bon homme de cheval. Il avoit le teint blanc, & delié, les yeux noirs, vifs & fins. Il avoit la voix forte & perçante, & une grande grace à parler. Il etoit d'une complexion assez délicate, comme sont la plus part de ceux qui ont de cét esprit. On dit neanmoins qu'il acquit de la santé en la négligeant, & qu'à force de s'exercer il se rendit infatigable.

Il avoit par tout des amours, à Rome, en Espagne, dans la Grece, & dans les Gaules. Mais il fut comme enchanté dans l'Egypte ; car que ne fit-il point pour la Princesse de ce païs-là? & plus avant dans l'Afrique ne fut-il pas encore amoureux d'une Reine More? Il en vouloit aux Dames de la plus haute qualité, soit que les manieres de la grandeur ajoûtent quelque grace à la beauté naturelle, ou qu'un sentiment de gloire joint à l'amour, lui fit regarder les Dames comme des conquétes. Il cherchoit peut-étre un peu trop à faire parler de lui, & je ne prétend pas de vous le donner comme un homme sans defaut ; car qui se peut vanter de n'ent point avoir ? Mais je vous en parle comme d'un Conquerant admirable, & d'un naturel immense.

Dans le plus fort, & le plus hazardeux de la

la guerre ; il étoit lui seul la joye & l'esperance de son armée. Tous le croient si habile, & si ...lu, qu'ils ne desespeiroient de rien sous sa conduite : Et avec cela une certaine gayeté, qui brilloit dans ses yeux, & sur son visage, les consoloit de tout. Que si l'on se mettoit en peine des événemens, ce n'étoit que pour lui, & peu songeoient à le survivre. Il aimoit les beaux habits, & sa parure le faisoit toûjours reconnoître, & princepalement un jour de bataille. Il vouloit même que ses soldats fussent lestes ; & c'est à mon gré pour ces sortes de gens une grande marque qu'ils ont de l'honneur, que de vouloir être bien équipez, & d'avoir un grand soin de leurs armes. Il ne regardoit pas s'ils étoient grands, & d'une taille avantageuse. Aussi, dit le Mareschal, cela dépend de la fantaisie, on en voit de fort peu d'apparence qui se font bien remarquer. Ce grand homme ne se trompoit en rien ; & j'admire qui ce fut tout ensemble un prodige d'esprit, & de valeur.

Je ne serois pas surpris de l'extreme vaillance d'un brutal, qui ne connoit ni le plaisir, ni la douleur, & qui ne sait ce que c'est que d'être mort, ou vivant. Mais pour un homme d'un temperament si sensible, & si délicat, & d'une si subtile, & si haute intelligence ; cela me semble bien rare. En effet cela l'est bien, dit le Chevalier ; il ne faut pourtant s'étonner que de la grandeur de son esprit. Car encore qu'on se trouve trestsensible à la douleur, & qu'on ne se puisse accoûtumer à mourir, quand on a le cœur ferme
à un

à un certain point, & cela n'est pas difficile, on est tout aussi brave qu'on le veut être : se ménage si on le juge à propos, & l'on se plus abandonne de même. Il ne faut qu'une force ordinaire, pour se résoudre indifféremment à l'un ou à l'autre, & Cesar avoit toûjours la gloire devant les yeux, qui lui faisoit prendre le parti le plus héroïque. Je ne l'avois pas examiné de la sorte, dit le Mareschal, & je croi que vous avez raison.

Ils furent jusqu'à la nuit sur le bord de l'eau, tantôt assis, tantôt se promenans, & toûjours discourans de beaucoup des choses. Mais les Historiens ne rapportent jamais tout.

www.ingramcontent.com/pod-product-compliance
Lightning Source LLC
Chambersburg PA
CBHW062011180426
43199CB00034B/2315